실직충격에서 회복하는 법

Lynn Joseph, Ph. D. 저

탁진국 역

THE JOB- LOSS RECOVERY GUIDE

학지사

THE JOB-LOSS RECOVERY GUIDE
by Lynn Joseph

역자 서문

역자는 2004년 9월부터 2006년 8월까지 한국학술진흥재단으로부터 연구비를 지원받아 책임연구원으로서 중장년층의 재취업 성공에 관한 연구를 공동으로 진행한 바 있다. 연구를 위해 국내외 문헌을 참고하면서 크게 놀랐던 점은 국내에 실직자들이 심리적인 어려움을 극복하고 재취업에 성공하는 데 도움을 줄 수 있는 전문서적이 거의 없었다는 것이었다.

연구를 위해 해외에서 주문했던 여러 책들의 내용을 살펴보는 과정에서 마침 이 책이 이론적인 부분보다도 실제 실직자들이 실직으로 인한 심리적인 충격을 극복하고 재취업에 성공하기 위한 기법을 구체적으로 제공하고 있다는 것을 알게 되었다. 또한 책을 읽어 나가는 과정에서 심리학 박사인 저자가 제시하는 방법이 미국 심리학회에서 발간하는 유수한 논문집 가운데 하나인 *Consulting Psychology*

*Journal*에 실렸다는 것도 알게 되었다. 이는 저자가 이 책에서 주장하고 있는 MIT 기법이 이 분야의 전문가들로부터 인정받고 검증된 프로그램이라는 것을 입증하는 것으로 해석할 수 있다.

무엇보다 이 책을 비교적 짧은 시간에 번역할 수 있었던 것은 마침 역자가 2006년 2학기 안식년을 맞이하여 4개월 간 미시간주립대학교 심리학과에서 아무런 방해도 받지 않고 많은 시간을 혼자 연구하면서 보낼 수 있었기 때문이었다.

혼자 안식년을 보내도록 권유하고 지원해 주어서 결과적으로 이 책을 번역하는 데 도움을 준 아내에게 고마움을 전하고 싶다. 이 책의 출판을 흔쾌히 승낙해 준 학지사 김진환 사장님께 감사드리며, 이 책의 편집을 맡아 수고해 주신 이지혜 선생님께도 감사의 말을 전하고 싶다.

이 책에서 제시하고 있는 MIT 기법은 실직자뿐 아니라 일상생활에서 여러 가지 이유로 인해 스트레스를 받고 있는 사람들도 충분히 활용할 수 있다. 특히, 스트레스를 제공하는 원인이 상사, 친구 또는 배우자와 같이 사람인 경우 더욱 효과가 있으리라 생각된다. 아무쪼록 실직으로 인해 쓰라린 아픔을 겪고 있는 많은 분들에게 이 책이 심리적 어려움을 극복하고 재취업에 성공하는 데 조금이라도 기여할 수 있기를 바라는 마음 간절하다.

2007. 3
역자

감사의 글

이 책은 내가 개발하여 이미 검증된 실직충격 회복 프로그램을 직장에서 해고된 많은 사람들과 공유하고 싶은 욕망에서 집필하게 되었다.

먼저 남편인 닐의 헌신적인 사랑과 지원이 없었다면 이 책을 집필하는 것은 불가능했을 것이다. 나에 대한 남편의 믿음은 나에게 이 작업을 지속할 수 있는 동기가 되었다. 정말 고맙게 생각한다.

이 책의 내용을 처음부터 신뢰했던 편집국장 매튜 맥케이 박사에게도 감사드리고 싶다. 또한 뉴하빙거 출판사의 시니어 편집장인 테실라 하나우어와 편집장 캐롤 허니처치에게도 감사드린다. 그들은 너무나도 많은 전문적인 도움을 주었다.

친구 셜 토마스에게도 특별히 감사드리고 싶다. 그녀의 능력과 항상 높은 업적을 추구하는 기준은 이 책에 큰 도움이 되었다.

또한 친구이자 동료인 도로시 호버-크래머 박사의 평가와 제안에 대해서도 감사드린다.

마지막으로 나의 박사논문 지도교수였던 멜라니 그린버그 박사에게 진심으로 감사드린다. 마음속의 심상기법에 관한 내 연구에 그녀의 지원이 없었다면 이 책은 세상에 나올 수 없었을 것이다.

Lynn Joseph

차 례

서 론

51세인 릭은 시스템/테크놀로지사의 관리자로 3년간 근무하다 갑자기 해고를 당했다. 두 달 동안 재취업을 위해 노력했으나 실패하고 나의 실직 연구에 참여하게 되었다. 연구가 끝난 후 릭은 "연구 참가자의 일원이 되어 매우 다행이었습니다. 항상 고맙게 생각합니다. 프로그램은 제 자신을 통제하고 이해하는 데 도움이 되었으며 해고당했다는 좌절에서 벗어나 앞으로 나아갈 수 있게 해 주었습니다."라고 편지를 썼다.

두 달이 채 지나지 않아 릭은 고위 관리자로 새로운 직장에 들어갔다. 직장을 잡은 후 8개월쯤 지나 나에게 다시 이메일을 보냈다. 내용은 회사가 큰 다운사이징을 시작해서 릭의 부서 대부분이 인도로 가게 되었지만, 자신은 이러한 변화를 큰 어려움 없이 받아들였으며 나의 프로그램이 그렇게 마음먹는 데 큰 도움이 되었다는 것이었다.

나는 번뜩 생각이 떠올랐다. 다운사이징은 순간적인 현상이 아니다. 회사의 다운사이징과 구조 조정은 비용을 줄이고 수익을 증대시키기 위한 일상적인 전략으로, 많은 종업원들이 다른 직장을 찾아야 하는 결과를 초래하게 된다. 해고당하는 종업원들은 자신의 경력을 빨리 통제할 수 있는 새로운 도구가 필요하다. 나는 이러한 도구를 제공할 수 있다는 강한 확신이 들었다.

프로그램의 배경

잠시 나에 대해 설명을 하고자 한다. 나는 박사 과정 3년차일 때 박사논문 주제를 선택해야 했는데, 여러 해 동안 관심이 있었던 마음속의 심상기법(Mental Image Technique: MIT)에 관한 주제에 접근하게 되었다. 마음속의 심상(창의적인 마음속 그려 보기 또는 유도된 심상으로도 알려져 있음)은 사람의 내부 경험을 이끌어 내기 위하여 의식적으로 상상을 유도하고 집중하는 사고 과정이다. 이 과정에서는 시각, 청각, 촉각, 미각, 후각의 다섯 가지 감각을 최대로 활용하게 된다.

이 마음속의 심상기법(나는 약자로 MIT라고 부른다)을 통해 변화, 치유 그리고 목표 달성이 빠르게 일어날 수 있다. 내 연구와 삶의 경험을 통해 이것이 진실임을 말하고 싶다.

박사논문 주제를 선택한 후 나는 내 생각을 검증하기 위해 연구 참가자가 필요했다. 나는 다음의 세 가지 이유 때문에 재취업하려는 사람을 선택했다.

- 만약 MIT가 실직 후 재취업하기까지 걸리는 시간을 줄이는 데 효과가 있다는 것이 밝혀지면 많은 사람들이 혜택을 받을 수 있다고 생각했다.
- MIT 효과를 검증하기 위해서는 실험실에서 연구하는 것보다 실제 상황에서 연구를 진행하는 것이 더 바람직하다고 생각했다.
- 내가 실무 경험이 많고 사업하는 사람들을 많이 알고 있기 때문에 참가자들을 모을 수 있을 것이라고 생각했다.

처음에는 해고당한 실직자들의 재취업을 촉진하는 MIT의 효과를 검증해서 이를 입증하고자 했다.

나중에 해고당한 종업원들이 사랑하는 사람을 잃은 후 가장 보편적으로 경험하는 것과 유사한 슬픔의 단계(충격과 부인, 공포와 불안, 분노, 홍정, 우울, 수용)를 거친다는 것을 알게 되었다. 해고당한 사람의 경우에는 '실직 슬픔' 이라고 부를 수 있을 것이다. 만약 여러분이 직장을 잃었다면 이러한 슬픔 단계에 익숙할 것이다. 여러분의 그러한 감정은 정상적인 것이다. 이 책은 내가 개발한 MIT 경력전환 프로그램을 이용해 자신의 감정을 관리하고 극복해 나가는 방법을 제시할 것이다. 이 프로그램은 빠르고 쉽게 사용할 수 있으며 많은 실직자들이 충격에서 회복되어 새로운 직장을 빨리 잡도록 도움을 준다는 것이 입증되었다. 전체 프로그램은 하루 20분 정도씩 6일에 걸쳐 끝날 수 있도록 설계되었다.

향후 방향

이 책은 3부로 나누어져 있다. 제1부는 프로그램의 기본 뼈대에 관한 내용으로, 실직으로 인해 나타날 수 있는 슬픔 징후와 단계를 설명하고 거기서 회복하는 데 도움이 되는 MIT 프로그램을 설명하고 있다. 또한 실직충격 회복 프로그램의 기본 구조에 대해 설명하고 있다.

여러분은 이 프로그램의 기반이 되는 MIT가 무엇이고, 어떤 도움을 줄 수 있으며, 어떻게 구성되어 있는지에 대해 충분히 이해하게 될 것이다. 이 책에서 각 MIT 세션은 대본을 포함하고 있기 때문에 시나리오라고 부르도록 하겠다. 여섯 개의 MIT 세션으로 구성되어 있는 프로그램의 구조에 대해서도 설명할 것이다.

제2부에서는 실직에서 회복되고 자존심을 증진시키어 구직 동기와 수행을 향상시키기 위한 세션 1, 2, 3을 단계별로 설명할 것이다. 각 세션은 대본을 통해 자세히 설명하게 된다.

제3부에서는 자신감을 증진시키고 구직 역량을 향상시키기 위한 세션 4, 5, 6에 대해 설명한다.

이 책에서는 여러분의 성공을 가로막는 장애물을 부수고 삶을 위한 새로운 비전을 만들어 내는 방법을 제시할 것이다. 다시 말해, 이 책에서 여러분은 성공하기 위한 도구와 자원을 찾을 수 있을 것이다. 여러분은 이 책을 통해 재취업 성공이라는 목표를 달성할 수 있을 뿐 아니라 이를 일상생활의 삶을 향상시키기 위한 도구로도 사용할 수 있을 것이라고 믿는다.

새로운 정체성

여러분은 혼자가 아니다. 수백만 명의 종업원들이 구조 조정, 다운사이징, 합병 등의 추세로 인해 조직에서 해고당하고 있다. 과거 10년 동안의 실직 건수보다 한 해(1998년)의 실직 건수가 더 많은 상황이 되었다. 이러한 추세는 대기업도 파산하는 사태에서 짐작할 수 있듯이 앞으로도 계속되리라고 생각한다. 우리는 합병이나 해고로 인한 불안한 시대에 살고 있다.

뉴욕 타임스 2월 6일자 기사에 따르면 미국 경제는 2003년 초 거의 20년 만에 최악의 고용률을 기록했다. 2003년 2월 약 1,900만 명의 구직자가 적어도 6개월 이상 실직 상태였다. 이는 2001년의 세 배가 되는 수치다. 이 중 약 100만 명은 2002년 여름과 2003년 2월 사이에 구직을 포기했다(Leonhardt, 2003).

이 책은 실직으로 인한 고통을 치유하고 구직 기간을 크게 줄이는 데 도움을 줄 것이다. 창의적 리더십 센터의 훈련 및 교육 부사장인 데이빗 노어는 그의 책에서 다운사이징이 일어난 후 조직에 남아 있는 사람들을 대상으로 패러다임의 이동에 대해 설명하고 있다. 노어는 『상처 치유: 해고로 인한 정신적 충격을 극복하고 다운사이징을 겪은 조직 되살리기(*Healing the wounds: Overcoming the Trauma of Layoffs and Revitalizing Downsized Organizations*)』(1995)에서 조직은 종업원을 개발해야 할 장기적 자산으로 여겼으나 이제는 감소시켜야 할 단기적 비용으로 보고 있다고 주장하고 있다. 또한 전통적으로 종업원들은 조직을 통해 정체성과 자존감을 얻었다고 설명하고 있다. 그는 고객에게 이제는 일과 관련된 문제를 탐색하기 위해 유도된 심상을 사용할 것을 권유하고 있다. 이제는 개인 스스로 자신의 문제를 해결해 나가야 하기 때문이다.

이러한 조직의 변화에 비추어 볼 때, 여러분이 좀 더 확실하고 지속적인 정체성과 자존감을 개발하고 싶다면 더 이상 자신을 조직과 관련시켜 정의해서는 안 된다. 대신 자신의 중요 목적을 파악하고, 정신을 일깨우고, 삶에 대한 통제를 얻고, 자신에게 적합한 일에 몰두하라. 만약 이렇게 하는 것이 힘들다고 판단된다면 지금이야말로 그러한 믿음을 확장하는 것을 고려해 볼 좋은 시점이다. 나는 이 책에서 설명하게 될 MIT 프로그램과 기법을 활용해서 여러분이 그러한 목표를 달성할 수 있다고 확신한다.

정신적 충격에서 재취업 성공으로의 전환: 과학적 입증 자료

많은 사람들이 나에게 이 프로그램의 기초 연구에 대해 물어보므로 이에 대해 간단히 설명하도록 한다. 만약 이 프로그램에 관한 출판된 학술 논문을 읽고 싶다면 이 책의 참고문헌에 나와 있는 조셉과 그린버그(Joseph & Greenberg, 2001)의 논문을 참고하기 바란다.

52명의 해고된 남녀 전문직 종사자들이 내 연구에 자발적으로 참여했다. 대부분 관리자나 임원으로 근무했던 사람들이다. 전반적인 목적은 경력전환 프로그램이 플래시보 통제집단과 비교해 얼마나 효과가 있는지를 검증하는 것이었다. '플래시보(placebo)' 라는 단어를 듣게 되면 대부분의 사람은 설탕을 탄 알약을 떠올릴 것이다. 그러나 이 연구에서 플래시보는 참가자들에게 효과가 있을 것이라고 믿도록 거짓 정보를 준 실험 조건을 의미한다.

예를 들어, 이 연구에서 참가자들은 두 집단으로 무선 할당되었다. 각 집단의 참가자들은 20분씩 여섯 세션의 심상 훈련을 받았는데, 이 훈련이 재취업 성공을 촉진시킬 것이라고 믿도록 만들었다. 한 집단만이 제대로 된 경력전환 프로그램 심상 훈련을 받았다.

경력전환 프로그램 집단의 참가자들은 정서를 종결하고 동기 및 구직 역량을 향상시키고 자신감을 증대시키기 위해 내 목소리로 녹음된 MIT 대본을 들었다. 플래시보 통제집단의 참가자들은 조용히 앉아서 10분 정도는 현재의 구직 계획을 실행하는 것을 마음속으로 그려 보고, 나머지 10분은 미래의 구직 계획을 마음속으로 그려 보도록 하였다.

연구 결과는 충격적이었다. 세션이 끝난 2개월 뒤 경력전환 프로그램의 참가자들은 통제집단의 참가자에 비해 5배 이상이 정규직 직장을 잡았다. 이렇게 두 집단 사이에 큰 차이가 나는 것은 학술 연구에서 드문 일이다. 또한 2개월 이내에 직장을 잡은 사람들 중 월급이 감소된 사람은 하나도 없었다. 이는 프로그램이 효과가 있을 뿐 아니라 그 효과가 빨리 일어난다는 것을 보여 주는 결과다. 다음의 그래프는 2개월과 4개월 후 두 집단 간의 차이를 보여 주고 있다.

연구에 참가한 사람들의 연령은 29세에서 64세 사이였으며, 평균 연령은 47세였다. 약 3분의 2 정도가 프로그램이 끝난 후 2개월 이내에 직장을 잡았다. 여러분도 할 수 있다.

이 책에는 모든 MIT 대본이 포함되어 있다. 여러분은 대본을 직접 읽거나 녹음을 하여 재생시키면 된다. 또한 프로그램을 사용하기 전에 노트나 일지를 준비하기 바란다. 프로그램을 실행하면서 연습을 마칠 때마다 진행 과정과 느끼는 점 등을 기록하는 것이 바람직하기 때문이다.

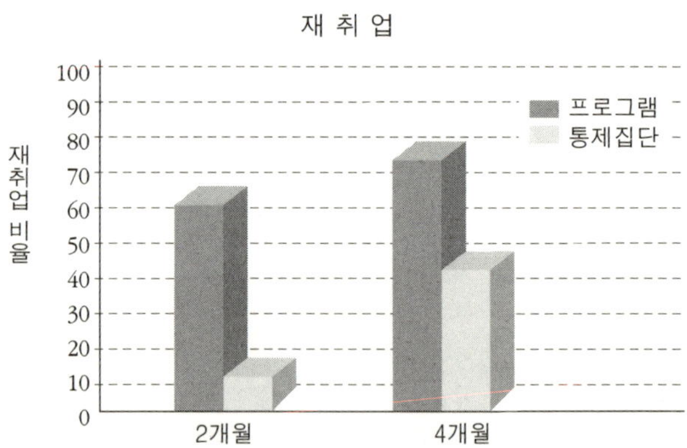

1부

프로그램의 전반적 내용

1장 실직: 고통스러운 사건

2장 마음속의 심상기법을 통한 치유

3장 실직충격 회복 프로그램

1

실직: 고통스러운 사건

사람들은 마치 스테인드글라스 창문과 같다. 해가 비칠 때면 번쩍이고 빛나지만 해가 지면 내부의 빛이 있어야만 진정한 아름다움이 드러난다.

-엘리자베스 쿠블러로스-

올해 45세인 폴은 상사의 사무실에서 방금 누군가가 자신의 배를 걷어찬 듯한 느낌을 받았다. 10년 동안 충성스럽게 일했지만 방금 해고를 당한 것이다. 이제 자신의 인생이 끝나 버린 느낌이었다.

가족은 어떻게 생활해 나갈 것인가? 회사에서 받은 퇴직금이 조금 있고 비상시를 대비해 저축해 놓은 돈이 있기는 하지만 솔직히 오래 생활하기 힘든 것이 사실이다. 폴은 미래가 두려워졌다.

그 후 몇 주 동안 폴은 잠을 자거나 집중하는 데 어려움을 겪기 시작했고 우울감도 자주 느끼곤 했다. 폴은 실직한 자신을 비난했다. '내가 좀 더 열심히 더 오랫동안 일했더라면 해고당하지는 않았을 텐데.' 하는 생각도 들었다. 아무리 생각해 봐도 자신은 우수한 종업원이라고 생각했는데…… 자존심이 상하고 회사로부터 버림받고 배신당했다는 생각을 지울 수가 없었다.

폴의 이러한 반응은 일반적인 현상이며 두려움과 불안도 충분히 있을 수 있다. 연구에 따르면, 그의 나이 정도에는 정상적인 다른 직장을 구하는 데 보통의 경제 상황에서 5개월 이상 걸리는 것으로 알려져 있다.

퇴직수당은 보통 근속 연수에 비례하는데, 일 년 근무는 일주일치의 월급에 해당된다. 5년 정도 근무한 관리자라면 회사를 그만둘 때 5주치의 월급만을 받게 된다. 따라서 폴이 10주치의 월급에 해당하는 퇴직수당을 받는다 해도 5개월 동안의 구직 활동 기간을 버티기는 쉽지 않은 일이다. 또한 관리자와 전문직은 해고당한 후 재취업할 때 연봉을 전보다 20～30% 정도 덜 받는 것으로 나타나고 있다.

심리학자들은 실직이야말로 인생에서 가장 고통스러운 경험 중의 하나로 인식하고 있다. 실직은 스트레스가 심하고 인생을 변화시킬 수 있는 사건으로서, 정신 및 신체 건강에 부정적인 결과를 초래하고 재정과 가족 관계를 위험에 빠뜨릴 수도 있다.

2001년 9월 11일 테러리스트들의 공격 이후, 뉴욕 시 마운트 시나이 의대의 정신치료 조교수이며 스트레스 프로그램 연구소장인 조지아 윗킨 박사는 롱아일랜드의 시요셋 학군에 있는 1,500명의 종업원들에게 스트레스 이완 워크숍을 진행하였다. 많은 종업원들은 사랑하는 사람과 이웃을 잃은 데 대해 충격을 받았고 큰 슬픔에 젖어 있었다. 하지만 그들은 자신의 학교에 다니는 학생들이 공포와 충격을 극복하는 것을 돕기 위해 노력해야 했다.

워크숍에서는 우선 그들에게 테러리스트의 공격 이전에 가장 스트레스를 주는 경험이 무엇이었는지를 기술하게 했다. 이어서 그들에게 1점(가장 스트레스가 낮음)에서 10점(가장 스트레스가 높음)의 점수로 그 경험을 평가하게 했으며, 테러리스트의 공격으로 받은 스트레스도 동일한 방법을 사용해 평가하게 했다. 놀랍게도 윗킨 박사의 연구팀이 발견한 것은 테러리스트 사건도 비교적 높은 스트레스 점수를 받았지만 개인적인 충격과 손실이 더 높은 점수를 받았다는 사실이었다. 이에 윗킨 박사는 손실이 개인적인 것이라면 어떤 재난도 결코 작은 것이 아니라는 결론을 내렸다.

따라서 실직으로 인한 개인적인 충격을 최소화시키려 하지 말라. 당신과 가족 모두가 심한 스트레스를 경험하는 것은 지극히 정상적인 일이다.

당신도 실직 스트레스를 10점 척도를 이용해 평가해 보라. 어떤 숫자가 떠오르는가?(9 · 11 테러로 인한 스트레스 평균은 7.8점이었다.)

실직의 충격에서 벗어나기 위해서는 대처 노력이 필요하다. 이 책에서 대처라는 말은 스트레스 상황과 그것으로 인해 생기는 정서를 관리하는 과정을 의미한다. 당신이 실직을 어떻게 지각하고 평가하며 대처하는지에 따라 얼마나 빠르게 회복되느냐가 결정된다. 당신의 평가는 상황이 왜, 그리고 어느 정도나 스트레스를 주는지를 결정하게 된다.

우리 자신의 생각은 우리가 어떻게 느끼느냐에 따라 달라진다는 일반적인 통념이 있다. 예를 들면, 처음에 두려움을 느끼게 되고 이로 인해 상황을 두렵다고 평가하게 된다. 그러나 실제로는 그 반대인 경우가 대부분이다. 즉, 처음에 상황을 두렵다고 생각하고 이어서 두려움을 느끼게 되는 것이다. 그러므로 상황에 대한 생각을 바꾼다면 느끼는 감정도 변하게 된다.

이 책에서 제시하는 실직충격 회복 프로그램은 당신의 대처 기술을 향상시키고 실직 상황을 위협이 아닌 도전으로, 또 좀 더 합리적이고 생산적으로 평가하도록 당신의 생각을 변화시키는 데 도움을 주기 위한 것이다.

존 F. 케네디 대통령은 "중국어로 위기라는 단어는 두 가지 의미를 지니는데, 하나는 위험이고 다른 하나는 기회를 나타낸다."라고 말한 바 있다. 나는 여러분들이 현 상황에 감춰져 있는 기회를 찾기 바란다. 현재는 믿기 어렵겠지만 경험을 통해 이러한 믿음을 가지게 되리라 믿는다.

이 책에서 제시하는 검증된 프로그램은 정서를 관리하는 기술을 향상시킬 뿐 아니라 여러분 스스로가 다시 자신의 경력을 관리해 나갈 수 있도록 돕기 위한 것이다. 따라서 구직에 필요한 행동을 밟아 나갈 때 여러분은 더 빨리 더 큰 성공을 거둘 수 있을 것이다.

실직 슬픔의 단계 및 징후

만약 당신이 회사의 인수, 합병 또는 다운사이징으로 인한 희생자라면 다음과 같은 징후와 정서를 경험하게 될 것이다.

- 수치심
- 슬픔

- 공포
- 불안
- 배신감
- 분노
- 죄의식
- 자존심 손상
- 자신감 상실
- 우울
- 실패감
- 외로움
- 초조함
- 식욕감퇴
- 불면
- 악몽

이 목록은 길고 다소 위협적으로 보일 수 있다. 사실 이 절에서 다루고자 하는 실직으로 인한 슬픔의 단계와 징후는 다소 부정적인 내용이다. 그러나 치료를 위한 첫 단계는 바로 자신의 감정을 정확히 인식하고 그것을 소화하는 것이다. 이를 통해 그러한 감정을 해결하고 다시 정상적인 생활로 돌아갈 수 있게 된다.

실직에 대한 부정적 반응을 가장 잘 예측하는 것은 재정적인 어려움과 전 직장에 대한 애착이라는 연구 결과가 있다. 다시 말해, 돈을 쓸 곳이 많고 전 직장에 대한 애착이 깊을수록 더 많은 스트레스를 느끼게 된다. 당신이 처음에 어떻게 반응하는지는 중압감에서 벗어나 올바른 구직 활동을 하는 데 영향을 줄 수 있다.

불편한 생각과 감정으로 머릿속을 채우게 되면 병에 걸리는 것과 같은 부정적인 결과를 초래할 가능성이 크다. 그렇지 않다 하더라도 최소한 스트레스 상황에서 정신적으로 제대로 일할 수 있는 능력을 감소시키며, 결과적으로 부정적인 생각과 감정은 더 악화될 수 있다.

당신의 감정에 대해 부인하고 회피하거나 죄의식을 느끼는 것이

치료에 얼마나 역효과를 가져오며 이로 인해 성공적인 구직 활동을 제대로 할 수 없다는 것을 알 수 있게 될 것이다.

엘리자베스 쿠블러-로스를 포함해 많은 전문가들은 실직은 사랑하는 사람을 잃거나 죽을 때가 가까운 병을 앓는 것과 유사한 반응을 가져오는 정신적 충격(외상)과 같다고 설명하였다. 쿠블러-로스 박사는 사랑하는 사람을 잃은 후 대부분의 사람들이 경험하는 슬픔의 단계에 대해 다음과 같이 설명했다(Kubler-Ross, 1997).

- 충격과 부인
- 두려움과 불안
- 분노
- 홍정
- 우울
- 수용

실직에도 이 단계를 적용할 수 있다. 실직의 경우는 이 단계 중 일부 또는 모두가 일어날 수 있다. 단, 순서는 다를 수도 있다.

『경력 회복』(1998)이라는 책에서 데미안 버클은 자신이 '정서파동(emotional wave)' 이라고 명명한 실직으로 인한 슬픔 과정을 좀 더 정확하게 설명하기 위해 이 단계를 수정한 바 있다. 이 모델에 따르면 해고당한 사람들은 정서파동이라는 큰 바다에 내던져지게 된다.

파도를 오르려고 할 때 처음에는 충격과 부인 단계를 경험하게 되며 이어서 공포와 불안 단계를 거치게 된다. 파도 맨 꼭대기에 오르게 되면 분노, 흥정, 우울 단계를 경험하고, 마지막으로 파도를 통과하게 되면 일시적인 수용 단계에 이르게 된다. 이것이 일시적인 이유는 계속해서 많은 파도를 넘어야 하기 때문이다.

그렇지만 이 모든 단계를 다 경험하지 않을 수도 있다. 경우에 따라서는 일부 단계를 한 번 이상 경험할 수도 있다. 한 사람의 예를 들어 보겠다. 이 사람의 이야기에서 당신도 비슷한 감정을 느끼리라 생각한다.

금년 38세로서 회계사이면서 부서장인 리처드는 어느 날 해고 통지를 받았다. 해고 소식을 들었을 때 리처드는 처음에는 믿을 수 없었다. '어떻게 이런 일이 나한테 일어날 수 있지? 다른 사람들에게는 일어날 수 있어도 나한테는 아니야. 아마 뭔가 실수가 있을 거야. 회사에서 곧 다시 부를 거야.' 하고 생각했다. 즉, 리처드는 충격과 부인 단계를 경험했으며 일시적으로 신체적인 마비도 있었다.

충격과 일시적인 신체 마비는 고통스러운 사건 발생 후 잠시 동안 우리의 몸과 마음이 자동조종장치를 작동시키는 것이다. 이때는 현실이 아닌 것처럼 느껴진다. 실제로 며칠 혹은 몇 주 동안 실직의 영향을 느끼지 못할 수도 있다.

리처드가 해고 사실을 가족에게 털어놓았을 때 그는 가족들이 무엇인가 감추려 한다는 두려움을 느꼈다. 그런 다음 그는 현실을 인식하기 시작했고 두려움과 불안 단계로 넘어갔다. 이 단계에서는 몇 주가 걸릴 수도 있다. 리처드는 이제 자신의 경력을 스스로 관리하기 어려워졌기 때문에 자신감을 잃기 시작했다. '나는 몇 년 동안 구직 활동을 거의 하지 않은 것 같아.' '어떤 고용주가 나를 채용할까?' '아,

정말이지 이제 모든 것을 잃을 수도 있어.' 와 같은 여러 가지 생각을 하기 시작했다.

리처드는 회사로부터 버림받고 배신당했다는 생각을 하게 되었다. 자신이 중요시했던 것들을 다 빼앗아 갔기 때문이다. 정말로 큰 상처를 받았다. 그는 공포가 밀려오기 시작하고 최악의 경우에 대해 두려워하기 시작했을 때, 조그만 일도 큰 것으로 받아들이기 시작했다.

리처드는 자신이 충성심 강하고 열심히 일하는 종업원이었으며 해고를 당해서는 안 된다고 생각했다. 자신이 경험하고 있는 큰 불행을 불공정한 것으로 여겼다. 그러나 불행히도 리처드는 분노를 표현하지 않았다. 분노 단계를 경험하기보다는 무의식적으로 자신의 분노를 내부로 돌리고, 대신 홍정 단계를 거치지 않고 바로 우울 단계에 빠지게 되었다. 그는 자신이 직장을 잃을 만하고 어디까지나 자신의 잘못이며 해고당하기 오래전부터 미리 다른 직장을 알아봤어야 했다고 생각하기 시작했다.

나는 여러분이 리처드처럼 분노를 자신에게 돌릴 때 여러분은 아래로 향해 돌진하는 나사와 같이 바로 우울에 빠져서 앞으로 나아가기가 어렵게 된다는 것을 꼭 기억하라고 부탁하고 싶다.

구직 활동을 한 지 4개월 정도가 되어 퇴직수당도 다 떨어지고 저축도 얼마 남지 않았을 때 리처드는 하나님과 홍정을 하기 시작했다. '만약 당신이 내가 직장을 잡도록 도와준다면 정말이지 열심히 일하겠습니다.'

리처드의 처는 그가 절망한 것을 눈치 채고 어찌할 바를 몰랐다. 그러나 내 경력전환 프로그램에 관한 기사를 읽고 남편에게 나를 만나보도록 권유했다. 리처드는 결국 나를 찾아왔다.

리처드는 자신의 감정을 어느 정도 해결하고 주변 상황을 좀 더 긍정적으로 평가할 수 있게 되었을 때 자신의 과거 직장에 대한 생각을 접고 수용 단계로 넘어갈 수 있었다. 이 중요한 단계를 거쳐 그는 비로소 자신이 원하는 직장을 잡기 위해 분명하고 적극적으로 활동하기 시작했다. 경력전환 프로그램을 끝내고 얼마 안 있어 리처드는 자신이 목표했던 회사에 취업하게 되었다.

빠른 회복을 위한 목표 설정

실직충격 회복 프로그램의 주요 목표는 당신이 슬픔 단계에서 완전한 수용 단계로 좀 더 빨리 이동하도록 돕는 것이다. 그러나 다른 중요한 목표도 있다. 예를 들어, 자신감과 자존심에 상처를 입을 뿐 아니라 재취업과 관련된 다른 불안을 유발하는 감정도 생겨날 수 있다. 이 문제도 같이 다루고자 한다.

따라서 이 프로그램은 다음의 목표를 성취하도록 돕는 데 목적이 있다.

- 긴장을 풀고 스트레스를 관리하는 것
- 스트레스를 가져오는 정서 반응을 느끼고 해결하는 것
- 자신감과 자존심을 높이는 것
- 구직 자신감을 높이는 것

- 미래에 대한 계획을 세우는 것
- 희망을 갖고 유지하는 것
- 원하는 직장을 잡는 것

첫 번째 목표는 긴장을 푸는 방법을 배움으로써 스트레스를 관리하는 것이다. 연습을 통해 외적 고민을 감소시키고 호흡을 천천히 하며 근육 긴장을 감소시키는 방법을 배우게 될 것이다. 이를 통해 마음을 차분히 가라앉히고 생각을 집중할 수 있게 된다. 모든 프로그램은 바로 이 긴장이완 연습부터 시작하게 된다.

여러분이 부정적인 감정을 표현하지 않거나 처리하지 않을 때, 이는 구직 성공에 무의식적인 장애물로 작용할 수 있다. 실제로 연구 결과에 따르면 정서 표현은 재취업을 촉진하는 데 효과적인 것으로 나타났다. 따라서 두 번째 목표는 심란한 감정을 해결하고 해고 상황을 완전히 수용하는 것이다. 이를 통해 여러분의 동기를 증진시키고 성공적인 구직 활동을 촉진시킬 수 있을 것이다. 단적으로 말하자면 과거의 어두웠던 부분을 종결시키는 것이다.

라파즈(1994)는 해고를 당해 회사를 떠나는 47명을 대상으로 면접을 실시한 바 있다. 그 결과 모두 회사와 동료를 떠나는 것에 대해 상반되는 감정을 느꼈다. 그들은 비록 자신들을 해고한 회사에 대한 분노가 있었지만, 그러면서도 회사에 남고 싶어 하는 마음과 이런저런 생각 없이 일과 회사를 떠나고 싶은 마음 사이에서 오락가락했다. 그들은 이별의 슬픔을 고통스럽다고 얘기했다. 그렇지만 이러한 슬픔이 회사와의 마지막 연결고리라고 생각했기 때문에 슬픔을 떨쳐 버리는 것에 대해 복잡한 감정을 갖고 있었다. 또 많은 사람들은 마음의 갈피를 잡지 못하면서 한편으로는 회사의 행동을 정당화하기도 하고 다른 한편으로는 자신들에게 상처를 준 것에 대해 비난하기도 하였다.

흥미롭게도 이와 같은 현상은 여러분에게도 일어날 수 있다. 그러나 대부분의 사람들은 이러한 상반되는 감정을 느끼지 못한다. 일반적으로 자신의 정서를 탐색하는 것보다는 새로운 직장을 잡고 상황을 친구와 가족에게 설명하는 것이 우선적으로 이루어지기 때문이다. 전문가들은 이와 같이 복잡한 감정을 인식하고 탐색하지 못하는 것이 상황을 수용하고 앞으로 나아가는 데 어려움을 초래할 수 있으며, 더 나아가 새로운 조직에 정서적으로 적응하는 것을 지연시킬 수 있다는 결론을 내린 바 있다.

해고된 사람은 불쾌한 정서를 경험하는 동시에 성장 기회를 깨달을 수 있다. 이러한 오락가락하는 감정은 불안을 초래하여 결국 충격을 해결하기 위해 직면하게 되는 가장 어려운 과제 중의 하나가 된다.

> 정서를 안전하게 표현하는 것은 재취업을 촉진시킨다.

동일한 조사에서 많은 해직자들이 유능감과 무능감 사이에서 왔다 갔다 하는 것으로 나타났다. 그들은 자신의 유능감을 믿고 싶어 했으며 이러한 믿음을 뒷받침하기 위해 많은 사례를 얘기했다. 그러나 동시에 앞으로 잘해 나갈 수 있을지에 관한 자신의 능력을 확신하지 못하고 있었다.

정서 표현이 재취업 성공에 미치는 영향에 관한 또 다른 재미있는 연구를 소개한다. 스페라, 부르파인드 및 펜베이커(Spera, Buhrfeind, & Pennebaker, 1994)는 63명의 전문직(대부분 엔지니어) 종사자를 대상으로 연구를 실시했다. 이 집단의 평균 연령은 45세였고 회사 근속 연수는 평균 20년이었다. 그들은 회사에서 해고당한 후 전직지원센터를 통해 연구에 참여하게 되었다.

그들은 공개 작문집단, 통제 작문집단 그리고 순수 통제집단의 세 집단으로 구분되었다. 공개 작문집단은 5일 동안 하루 20분씩 해고당한 것에 대한 자신의 생각과 감정을 글로 표현하게 했다. 통제 작문집단은 심리적 충격과 관련이 없는 일상적인 주제에 관해 글을 쓰게 했고, 순수 통제집단은 아무런 글도 쓰지 않게 했다.

실험이 끝나고 5주가 지난 후 공개 작문집단 가운데 25%가 재취업에 성공했고, 통제 작문집단은 아무도 성공하지 못했으며, 순수 통제집단 중에서는 9%만이 직장을 다시 잡았다. 즉, 직장을 잃은 충격에 대해 글을 쓴 사람들은 그렇지 않은 사람들보다 재취업에 성공할 가능성이 유의하게 높았다.

실직충격 회복 프로그램은 글을 쓰기보다는 마음속으로 정서 표현을 쉽게 하는 방법을 가르쳐 줄 것이다. 또한 다양한 연습을 통해서 해결방법을 알 수 있게 될 것이다. 이러한 과정에 대해서는 5장에서 자세하게 배우도록 한다.

두 가지 다른 중요한 목표는 자신감을 회복하고 구직 유능감을 향상시키는 것이다. 전체 프로그램은 여러분의 자신감을 향상시키기 위해 설계되었다. 또한 심상연습 대본을 통해 면접 스킬을 연습함으로써 많은 혜택을 볼 수 있으며, 심상 면접을 통해 구직 능력을 향상시킬 수 있을 것이다. 이 연습 과정과 혜택에 대해서는 7장에서 설명하고자 한다.

새로 찾은 자존심은 여러분의 직무 역량을 적극적이고 설득력 있게 설명하는 데 영향을 주기 때문에 면접에 큰 도움을 줄 수 있다. 또한 높은 자존심은 대부분의 고용주들이 원하는 구직자 특성이다. 실제로 경력 성공과 긍정적인 자존심 사이에는 연관성이 크다는 사실이 많은 연구에서 밝혀진 바 있다.

실패를 수용하고 긍정적인 태도를 유지하며 통제감을 느끼는 것이야말로 재취업을 촉진시키는 지름길이다.

여러분이 효과적인 구직 활동을 할 만한 역량이 부족하거나 전직 지원 서비스를 받을 수 없을 경우 도움이 될 만한 자료가 많이 있다. 예를 들면, 이력서를 쓰거나 면접 또는 임금 협상 등에 관한 스킬을 향상시키는 방법을 알려 주는 책들도 많이 있다.

이 프로그램의 다섯 번째 목표는 여러분이 스스로 미래를 통제하도록 돕는 것이다. 실직을 막지 못하는 무능력은 개인에게는 통제력의 손실로 여겨질 수 있으며 자신이 원하는 모든 것을 다 처리하고 싶은 욕망과 상충된다. 이 책을 통해 여러분은 자신의 생각, 감정, 행동을 완전히 통제할 수 있게 될 것이다. 프로그램을 따라가는 동안에 여러분의 통제감과 정서관리 능력은 개발되고 향상될 것이다.

여섯 번째 목표는 구직 활동 중 희망을 유지하도록 하는 것이다. 긍정적인 믿음이야말로 재취업 성공을 위한 구직 활동에 중요한 요인이다. 이 프로그램은 여러분이 실직을 하나의 극복해야 할 도전으로, 또 성장할 수 있는 경험으로 인식하도록 도울 것이다.

이상의 여섯 가지 목표를 달성할 때 일곱 번째 목표인 '원하는 직장을 잡는 것' 은 자연스럽게 따라오게 된다. 여러분이 과거를 뒤로 한 채 자신감과 자존심을 다시 쌓고, 구직 활동을 효과적으로 실행하고 인생을 통제할 수 있다고 느끼며 낙천적으로 생각한다면 재취업에 성공할 수 있을 것이다.

한 가지를 더 덧붙이자면, 여유를 갖고 웃자. 웃음은 신체에서 스트레스를 감소시키는 생화학물질을 방출함으로써 불안과 공포를 막아 준다.

이 책이 어떤 도움을 줄 수 있을 것인가

이제 성장을 위한 여러분의 여정은 시작되었다. 첫 번째 단계는 이 책의 첫 페이지를 여는 것이다. 이 책에서 여러분은 실직으로 인한 정서상의 어려움에도 여러분의 경력을 빠르고 쉽게 통제하는 방법을 배우게 될 것이다. 상처를 치료하고 성공과 행복을 만들어 내며 나아가 삶의 의미와 목적을 찾기 위한 새로운 도구를 통해 여러분을 성장시킬 수 있을 것이다.

혹시 기적같이 들리는가? 아마 관점에 따라서는 그럴 수도 있다. 웹스터 대학사전(2001)에 따르면 기적은 알려진 인간의 능력이나 자연의 힘을 초월하는 사건으로 정의된다. 오늘날 과학자는 인간의 잠재력에 대해 과거보다 더 많은 것을 알고 있다. 신체와 정신이 어떻게 따로 또는 같이 기능하는지 더 잘 알고 있다. 과거에 불가능한 것처럼 생각했던 것들이 이제는 가능한 것으로 나타나고 있다.

여러분은 정신적인 어려움을 빨리 해결하고 경력을 관리하는 방법을 배우게 될 것입니다.

나는 여러분이 갖고 있는 의심을 잠시 접어 둘 것을 권유한다. 이 책을 읽고 프로그램을 진지하게 실행해 보라. 그렇게 많은 시간을 낭비하는 것은 아니다. 전체 프로그램은 매일 20분씩 6일 정도면 충분하다.

이 책을 제대로 활용하고자 한다면 다음의 사항에 신경 써 주기 바란다.

- 실직충격 회복 프로그램을 구직 활동의 중요한 부분으로 간주한다. 프로그램 실행을 위해 매일 일정한 시간을 남겨 둔다.
- 질문지에 솔직하게 응답한다. 이를 통해 프로그램을 실행하는 과정에서 정서 상태가 어떻게 변화하는지를 살펴볼 수 있다.

- 자기 이해와 MIT 스킬을 향상시키기 위해 제공된 추가 연습에 적극적으로 참여한다. 스킬이 향상되면서 구직에 점차 긍정적인 영향을 줄 수 있다.

나는 전 과정을 단계별로 안내할 것이다. 여러분은 이를 통해 가장 힘든 심리적 고통을 해결하고 구직 활동을 향상시킬 수 있을 것이다.

스트레스 수준 측정 질문지

몇 분 정도만 시간을 내서 현재 여러분의 스트레스 수준을 측정하는 질문지에 응답해 보자. 다음으로 미루지 말라. 여러분의 성공을 가로막는 스트레스 징후를 파악하는 데 도움을 줄 것이다. 불편한 감정에 대처하기 위해 이를 억누르거나 아예 생각하지 않는 경향이 있을 수 있다. 그러나 이는 구직 활동에 미치는 잠재적 영향을 잘 모르고 하는 것이다.

지금 질문지에 체크하고 세 번째 세션이 끝난 후, 그리고 마지막으로 여섯 번째 세션이 끝난 후 질문지에 다시 답을 한다. 여러 번 반복하여 여러분의 스트레스 수준이 점점 낮아지는지를 확인하면서 정서 상태의 변화를 살펴볼 수 있게 된다. 마지막 질문은 실직에 대한 통제감을 알아보기 위한 것이다. 상황에 대한 통제감을 더 많이 느낄수록 더 낮은 점수를 얻게 된다.

처음에 얻은 점수의 중요성은 상대적이다. 단순히 여러분의 스트레스 수준을 나타낼 뿐이며 프로그램을 진행하면서 이후의 점수와 비교하는 데 사용될 것이다. 좋고 나쁜 점수 기준은 없다. 단지 이 질문지는 프로그램 진행 과정을 살펴보는 데 도움을 줄 것이다.

스트레스 완화 전문가인 윗킨(Witkin, 2002) 박사는 "인간은 스스로 정서를 극복할 수 있다."라고 얘기한 바 있다. 여러분은 이 어려움을 헤쳐 나갈 수 있다. 이러한 도전을 통해 여러분의 선택은 더 현명하고 더 강하며 더 탄력적으로 변할 것이다.

2장에서 나는 MIT가 오늘날 여러 영역에서 어떻게 사용되고 있고, 여러분에게 어떤 도움을 줄 수 있으며, 재취업에 빨리 성공하도록 어떻게 도움을 줄 수 있는지에 대해 좀 더 상세하게 설명하고자 한다.

스트레스 수준 측정 질문지

아래 문항은 여러분이 자신의 실직에 대해 어떻게 느끼고 있는지를 알아보기 위한 것입니다. 10점 척도를 사용해서 여러분의 현재 감정과 마음을 가장 잘 나타내 주는 번호를 각 문항 옆에 적어 주십시오.

1	2	3	4	5	6	7	8	9	10
결코		때때로			자주			거의 대부분	

___ • 내가 무엇을 하고 있는지 집중하기 힘들다.
___ • 불안하다.
___ • 좌절을 느낀다.
___ • 고통스러운 감정을 억누른다.
___ • 실직에 관해 가끔 생각이 난다.
___ • 실직에 관한 내 감정을 무시하려고 애쓴다.
___ • 우울하다.
___ • 뭔가 해 보겠다는 동기를 유지하기가 힘들다.
___ • 화가 나고(나거나) 분개한다.
___ • 실직에 관한 생각 때문에 잠을 이루기가 힘들다.
___ • 두려움을 느낀다.
___ • 실직과 관련된 조그만 일에도 다시 스트레스를 느낀다.
___ • 실직에 관한 악몽을 꾼다.

2

마음속의 심상기법을 통한 치유

마음은 낙하산과 같아서 제대로 작동하기 위해서는 열어야 한다.
-범퍼스티커-

마음속의 심상기법이란

먼저 이 책에서 사용하는 용어를 정의하기로 하자. '마음속의 심상(mental image)' 에 관한 내용을 다루는 책과 세미나는 많이 있다. '마음속에 떠올리기(visualization)' 나 '유도된 심상(guided image)' 도 마찬가지다. 무엇이 다른지 사람들은 혼란스럽기만 할 것이다.

심상과 마음속에 떠올리기는 랜덤하우스 웹스터 대학사전(2001)에 "마음속의 심상" 또는 "마음속의 그림" 으로 정의되어 있으며 서로 바꾸어 가며 사용하는 경우가 자주 있다. 동일한 기법을 여러 가지 용어로 불러서 나타날 수 있는 혼돈을 피하기 위해, 이 책에서 나는 모든 것들을 다 포함하는 마음속의 심상기법(Mental Image Technology) 또는 약자로 MIT라는 용어를 사용하고자 한다.

간단히 말해, MIT는 마음속에서 실제 경험을 끌어내기 위해 상상력을 동원하는 사고 과정이다. 이 기법은 신체, 정서뿐 아니라 시각, 청각, 후각, 미각, 촉각의 다섯 가지 감각을 다 필요로 한다. 이렇게 오감을 통해 심상을 경험하게 되면 경험의 강도와 깊이는 증진된다.

우리의 잠재의식은 말보다 심상을 더 분명하게 이해한다. 따라서 심상은 잠재의식을 표현하는 언어로 알려져 있다. 또한 심상은 의식과 잠재의식을 연결하는 다리 역할을 한다. 의식적으로 마음속에 갖고 있는 심상을 선택함으로써 여러분은 가장 밑바닥에서 동기와 정서 경험을 여는 문지기 역할을 하는 잠재의식과 소통할 수 있게 된다.

심상과 감각이 합쳐지면 잠재의식은 상상과 현실 간의 차이를 인식하지 못한다. 이를 설명하기 위해 한때 나의 고객이었던 조앤의 예를 들어 보도록 하겠다. 조앤이 스트레스를 많이 받았던 취업 면접에 관한 내용이다. 조앤이 면접을 했던 면접실은 작고 찌든 담배연기 냄새가 나고 더웠으며, 면접 질문은 자신에게 쓸데없는 압력을 주려는 의도가 있는 것으로 생각되었다. 조앤은 불안했고 불쾌감을 느꼈다. 얼마 지나지 않아 조앤은 더 이상 참을 수가 없어서 면접을 포기했다.

조앤은 나에게 상세한 얘기를 하는 동안 면접 때 경험했던 것처럼 큰 불쾌감을 느끼기 시작했다. 이는 놀라운 일이 아니다. 그녀는 얘기를 하면서 마치 면접관의 얘기를 들으며, 후덥지근한 방에서 찌든 담배연기 냄새를 맡은 것처럼 마음속에서 그 경험을 다시 체험한 것이다. 조앤의 잠재의식은 상상 속의 경험을 현실로 받아들여 실제 경험 중에 일어난 것처럼 반응한 것이다.

상상 속의 경험은 혈압, 뇌파 그리고 일반적으로 의식적인 통제가 어려운 자율신경계의 지배를 받는 다른 신체 기능에서의 변화도 초래할 수 있다. MIT는 심상과 감각을 다 사용하기 때문에 이 기법이 여러분의 신체와 마음에 주는 영향은 클 것이다.

이 책에서 여러분은 심상과 심상화된 경험을 긍정적으로 사용하는 방법을 배우게 될 것이다. 여러분은 자신의 생각과 감정을 더 잘 인식하게 되고 이를 잘 관리하고 이끄는 방법을 배우게 된다.

우리의 뇌는 각기 다른 방법으로 사고 과정을 처리하는 우뇌와 좌뇌의 두 반구로 구성되어 있다. 좌반구를 통해서 말과 논리로 사고하며, 우반구를 통해서는 심상, 소리, 감정으로 사고한다.

또한 두 반구는 정보를 다른 방법으로 처리한다. 좌뇌는 연속적으로(한 번에 하나씩) 처리하는 데 반해, 우뇌는 동시에(한 번에 여러 개) 처리하며 큰 그림을 이해할 수 있는 능력을 가지고 있다. 우반구는 구직 활동과 관련해 창의적인 해결방법을 찾는 데 도움을 줄 수 있으며 치유 과정에서 매우 중요한 역할을 한다. MIT는 좌뇌와 우뇌 활동 모두를 필요로 한다.

나는 MIT가 긍정적 사고와 같은지에 관한 질문을 받는 때가 가끔 있다. 『적극적 사고방식』(1996)과 『긍정적 심상: 인생을 바꿀 수 있는 강력한 방법』(1982)의 저자인 노먼 빈센트 필은 "심상은 긍정적 사고에서 한 걸음 더 나아간 것이다. 심상이 사고와 수행에 미치는 효과는 매우 강력해서 어떤 대상이나 목표를 오랫동안 마음속에 떠올리면 결국에는 운명처럼 실현될 수 있다."라고 언급한 바 있다.

여러분의 상상을 긍정적인 방향으로 이끄는 방법을 배워라.

심리치료사이면서 『유도된 심상을 통한 정신건강 증진』(1994)을 집필한 벨레루스 나파스텍도 같은 생각을 갖고 있다. 그녀는 MIT의 효과에 관한 중요한 통찰력을 제공하는 유도된 심상의 세 가지 작동 원리를 소개하였다. 첫 번째 원리는 신체는 마음의 감각 심상과 실제 현실을 구분하지 못한다는 것이다. 그래서 신체 시스템은 단지 마음속에 있는 감각 심상에 반응할 수 있다. 여러분은 오감을 통해 마음속의 심상을 경험할 때 마치 경험이 외부 현실에서 일어나고 있는 것처럼 잠재의식이 관여함을 알 수 있을 것이다.

두 번째 원리는 인간은 긴장이 이완된 상태와 같이 변화된 상태에 있을 때 좀 더 빠르고 확실하게 치유할 수 있고 성장하고 배울 수 있으며 변화될 수 있다는 것이다. 그것은 긴장이완 상태에 있을 때 불안과 정신적인 어려움이 해결되며 잠재의식에 더 다가설 수 있기 때문이다. (이 효과 때문에 MIT 프로그램은 항상 긴장이완 연습부터 시작한다.)

마지막으로 그녀는 유도된 심상을 통해 우리에게 일어나고 있는 것들에 대해 더 많은 통제감과 우월감을 느낄 수 있으며, 나아가 자존심과 수행을 증진시킬 수 있다고 주장하였다. 나는 실직 상황에서도 동일하다고 생각한다. 전체 프로그램이 끝난 후 참가자들은 구직 상황에 대한 통제감이 증진되었다고 얘기하였다.

MIT의 활용 현황

마크 빅터 한센과 잭 캔필드는 성취와 성공 이야기를 다룬 베스트셀러 『영혼을 위한 닭고기 수프』의 공저자다. 한센은 정서와 모든 감각을 동원한 '마음속에 떠올리기' 기법을 일상적으로 사용한 것이 자신의 성공에 큰 역할을 했다고 기술한 바 있다.

여러분도 아마 마음과 신체가 연결되어 있다는 말을 들어 본 적이 있을 것이다. 이는 인간의 사고와 감정이 신체에 영향을 줄 수 있고 반대의 경우도 가능하다는 것을 의미한다. 심리학자들은 마음과 정서가 서로 영향을 주는 관계라는 것을 오래전부터 알고 있었다. 달리 말해, 여러분이 어떻게 생각하는지가 어떻게 느끼는지에 영향을 주며, 또 어떻게 느끼는지가 어떻게 생각하는지에 영향을 주게 된다.

또한 사고와 감정이 신체 건강과 수행에 직접적인 영향을 준다는 많은 연구 결과가 보고된 바 있다. 뇌과학자인 캔디스 퍼트 박사는 『정서의 분자』(1997)라는 책에서 '마음속에 떠올리기'가 신체의 일부분에 혈액 공급을 증가시켜, 이를 통해 독성 물질을 제거하고 세포에 영양분을 공급하는 산소와 영양분을 증대시킨다는 주장을 한 바 있다. 여러 연구에서 마음속의 심상은 건강에 큰 영향을 미치는 것으로 나타났다.

심상기법의 활용은 운동선수들의 수행 증대와도 관련이 있다. 경쟁이 심한 스포츠는 신체뿐 아니라 정신도 중요하다. 모든 올림픽 선수들(또한 대부분의 성공한 프로 선수들)은 자신감과 극대 수행을 증진시키기 위해 일종의 마음속의 심상기법을 사용하고 있다. 이 책에서 여러분은 자신감을 증진시키고 면접 기술을 향상시킬 수 있는 유사한 기법을 배우게 될 것이다.

『극대 수행을 위한 정신 훈련』(1996)이라는 책에서 미국 올림픽위원회 스포츠 심리학 분과위원인 스티븐 웅거라이더 박사는 마음속의 심상 훈련을 통해 큰 성공을 거둔 운동선수들의 경험에 대해 자세히 기술하였다. 그가 예를 든 선수들을 살펴보면 다음과 같다.

- 자넷 에반스: 네 번의 올림픽 수영 금메달리스트
- 마르크 플라처스: 1993년 세계 마라톤 우승자
- 마이크 피그: 세계 3종경기 2인자
- 척 호건, 조니 밀러, 레이 플로이드: 프로 골퍼

웅거라이더 박사는 "마음속 심상기법은 효과가 있으며, 단순히 연구 결과만이 아니라 수많은 운동선수들이 그 효과를 증언하고 있다."라고 기술하였다.

프로 골프 역사상 가장 성공한 골퍼 가운데 한 사람인 잭 니클라우스는 게임의 50% 정도는 심리가 좌우한다고 말한 바 있다. 수십 년 동안 그는 자신이 개발한 '영화 보러 가기'라는 마음속 떠올리기 과정을 사용했다. 니클라우스에 따르면(1998), 공을 칠 때마다 그는 머릿속에서 컬러 영화를 본다. 먼저 볼을 보고 어디로 보내고 싶은지를 생각한다. 이어서 장면이 바뀌어 볼이 그쪽으로 가는 모습(방향, 궤도, 착지)을 그려 본다. 마지막으로 처음의 두 이미지가 실현되도록 자신이 스윙하는 모습을 본다.

아놀드 슈왈제네거 또한 신체 근육 단련을 위해 마음속 떠올리기 기법을 사용한 개척자다. 그는 항상 운동 전에 자신이 원하는 결과(예: 이두근이 산과 같아 보이는 상상)를 그림으로 그려 마음속에 떠올린다.

시카고 불스의 위대한 프로농구 선수였으며 성공한 사업가인 마이클 조던도 다가올 시합에서 어떻게 움직일지 계획을 세웠고 사업이 잘 운영되도록 하기 위해 오랫동안 거의 매일 마음속 떠올리기 기법을 사용했다고 말한 바 있다.

NLP라고 알려진 신경언어 프로그래밍(Neurolinguistic Programming)도 목표와 결과를 달성하기 위하여 뇌를 다시 프로그램 하는 데 심상을 사용한다. 리처드 밴들러와 존 그린더는 프리츠 펄스와 밀튼 에릭슨을 비롯해 가장 성공한 일부 심리치료사들의 심리치료 기법을 관찰하고 모방한 후 NLP를 고안해 냈다. 동기 부여의 대가인 토니 로빈스는 NLP를 개인의 성장과 능력 향상의 도구로 대중화시켰다.

심상은 일반 직장에서도 사용되고 있다. 창의적 리더십 센터의 훈련 및 교육 부사장인 데이빗 노어는 포춘지가 선정한 500대 기업 임원진들과 목표를 논의하는 데 유도된 심상기법을 사용하고 있다.

MIT는 무엇을 해 줄 수 있는가

흔히 좋은 부모는 아이들에게 분노와 고통을 효율적으로 관리하는 방법을 가르치기보다는 억누르거나 부인하라고 가르치고 있다. 많은 사람들은 자신이 분노가 없는 것처럼 행동하는 것만이 분노를 관리하는 것이라고 생각하고 있다.

최근 들어 자신의 정서를 관리하는 능력은 '정서지능' 으로 불리고 있으며 일부 학교에서는 교과목에 포함시키고 있기도 하다. 진화되고 현명한 인간은 분노와 고통과 같은 심한 정서를 겪지 않는다는 문화 규범이 오랫동안 우리 주변에 자리 잡고 있었다.

그러나 실제로는 현명한 정신적 지도자도 다양한 정서를 경험한다. 베트남의 유명한 틱낫한이라는 스님은 베트남 전쟁 시 평화를 위해 많은 노력을 한 공로로 1967년 노벨 평화상 후보로 지명되었다. 그 후 그는 마음에 관한 강의와 집필로 국제적인 명성을 얻고 있다. 『잿더미로부터』(Walsh & Beliefnet, 2001)라는 책은 세계적으로 명성을 얻고 있는 지도자들과 인터뷰한 내용을 싣고 있다. 이 책에서 2001년에 발생한 9·11 사태에 관해 틱낫한은 "나는 이 비극적인 상황에서 사랑하는 사람을 잃은 사람들의 고통을 이해한다.…… 베트남의 벤트라 마을에서 비행기 폭탄공격으로 30만 가구가 파괴되었는데, 이를 수행한 전투기 조종사들이 기자들에게 마을을 구하기 위해 파괴했다고 말한 것을 전해 들었을 때 나는 충격을 받고 분노와 슬픔으로 괴로워했다. 우리는 평온한 마음과 평화로운 감정으로 돌아가기 위해 차분하고 평온하게 걷는 연습을 했다."

이러한 지도자들은 극도의 정서를 깨닫고 강하게 느끼며 이를 빨리 털어내어 마치 그러한 정서를 느끼지 않는 것처럼 보이는 방법을 이미 깨우쳤다. 다시 말해, 그들은 깊고 강한 정서에 빠져 들었다가 이해와 용서를 통해 헤쳐 나가며 곧바로 처음 상태로 돌아온다. 우리 모두 이러한 스킬을 배울 수 있다.

오랫동안 나는 수많은 목적 때문에 마음속의 심상기법을 사용해 왔다. 이 책에서는 여러분이 심한 정서를 해결하고 원하는 미래를 만들어 나가는 것을 돕기 위해 내가 사용한 기법뿐 아니라 다른 방법을 여러분과 같이 공유하려 한다.

잠재의식 마음을 자기 편으로 만들기

여러분의 잠재의식 마음(불편한 정서 경험이 억압되어 있는 곳)은 치유 과정에서 도움이 되는 역할을 할 수 있다. 여러분을 가로막고 있는 고통스러운 정서와 잘못된 믿음을 털어내고 이를 긍정적인 감정과 새로운 믿음으로 대치할 수 있다.

예를 들면, 나는 한때 인생이란 투쟁의 연속이고 싸우지 않고서는 내가 원하는 것을 성취할 수 없다는 믿음을 갖고 있었다. 사실 성공을 위해 투쟁한 경우가 자주 있었다. 여러분은 나의 믿음이 투쟁적인 삶을 경험했기 때문에 생긴 것이라고 생각할지 모르겠지만 사실은 그 반대다. 나는 열심히 일하시는 부모님을 보면서 그러한 믿음을 갖게 되었고 이후 내 삶은 그 믿음을 따라가게 되었다.

이러한 믿음을 확인하기 위해 내가 무의식적으로 내 인생에 사건과 상황을 끌어들일지 모른다는 생각을 하게 되었을 때, 나는 마음속의 심상기법을 활용해 '내가 바라는 것은 무엇이든지 쉽게 할 수 있어.' 라는 생각으로 빠르게 전환시켰다. 오랫동안 가지고 있던 믿음을 바꾸는 것은 의식적으로 어떤 선택을 하는 것만큼 간단할 수도 있다. 경우에 따라서는 그다지 쉽지 않을 수도 있지만 말이다. 나는 9장에서 믿음에 대해 보충 설명을 하고 여러분이 그 믿음을 변화시킬 수 있도록 연습을 제공할 것이다.

이 책에서 설명하는 프로그램은 잠재의식을 여러분 편으로 만들어서 여러분이 원하는 직장을 다시 얻을 수 있게끔 사고와 감정을 변화시키도록 돕기 위한 것이다.

심상기법은 여러 문화권에서 수천 년 동안 사용되어 왔다. 심상기법의 역사에 관심이 있다면 패트릭 패닝의 『변화를 위한 마음속 떠올리기』(1994)와 마틴 로스먼 박사의 『자기 치유를 위한 유도된 심상』(2000)의 두 책을 읽어 보기 바란다. 이 책들에서는 역사적인 배경에 관해 설명하고 정서와 신체 건강을 향상시키기 위한 많은 유도된 심상기법을 소개하고 있다.

얼마나 자신감이 있습니까

자신감은 여러분이 보호해야 할 중요한 속성이다. 불행히도 실직은 여러분 자신과 능력에 대한 자신감을 훼손시킨다.

이 책에서 설명하는 프로그램은 매우 쉽게 실행할 수 있어서 그 혜택을 간과할 수 있다. 여러분이 이 MIT 프로그램을 통해 자신감이 얼마나 높아졌는지를 알아보기 위해 자신감 측정 설문지를 만들었다. 이 질문지에는 옳고 그른 답은 없다. 이 점수는 추후 점수와의 비교만을 위해 사용된다.

이 질문지는 여러분이 모든 프로그램을 마친 후 8장에서 다시 볼 수 있으며, 처음 점수와 비교함으로써 프로그램이 얼마나 효과가 있는지를 알 수 있을 것이다.

시간이 얼마 걸리지 않으니 정직하게 답해 주기 바란다. 자, 이제 시작하라.

자신감 수준 측정 설문지

아래 문항을 읽고 여러분이 해당 과제를 수행하는 데 어느 정도나 자신감이 있는지 1 ~ 10까지의 점수 가운데 적합한 번호를 문항 옆에 적어 주십시오.

1	2	3	4	5	6	7	8	9	10
자신감이 없다				어느 정도의 자신감					매우 높은 자신감

___ • 나는 실직으로 인해 초래된 문제를 관리할 수 있다.
___ • 직장을 얻기 위해 내 사회적 네트워크를 활용할 수 있다.
___ • 구직 면접 일정을 잡기 위해 필요한 것은 무엇이든지 할 수 있다.
___ • 구직 면접을 잘할 수 있다.
___ • 실직 상태에 있는 동안 정서를 관리할 수 있다.
___ • 실직을 좀 더 긍정적인 관점에서 바라볼 수 있다.

__ • 내 실직 경험을 통해 무언가를 배울 수 있다.
__ • 내 생각과 노력을 구직 활동에 집중할 수 있다.

__ • 전체 합한 점수

이 점수는 실직과 관련된 현재 여러분의 자신감 수준으로 추후 비교 목적만을 위해 사용됩니다.

MIT 경험의 세 가지 수준

여러분의 의도와 목표에 따라 '긴장이완과 스트레스 해소' '종결과 성공' '지혜와 목적' 의 세 가지 정서 수준 모두에 관한 또는 어떤 한 가지 수준에 관한 MIT 프로그램 세션을 경험하게 될 것이다.

첫 번째 수준인 '긴장이완과 스트레스 해소' 는 긴장이완과 스트레스 감소를 촉진시킨다. 프로그램 세션은 항상 긴장이완 연습으로 시작한다. 따라서 여러분이 별 느낌 없이 프로그램에 임한다 하더라도 최소한 긴장을 풀고 불안을 감소시키는 혜택을 볼 수 있을 것이다.

여러분이 프로그램이 효과가 있다고 믿고 감정을 표면화시키면서 집중해서 프로그램 세션에 참여한다면 두 번째 수준인 정서 종결과 성공적인 구직을 경험할 수 있다. 회의적일 수도 있겠지만 일단 프로그램에 참여하게 되면 이러한 생각은 접어 둬라. 프로그램이 자신에게 큰 도움이 된다는 확신을 가진다면 더 좋은 결과를 얻을 수 있을 것이다.

세 번째 수준인 '지혜와 목적' 은 여러분의 목적이 인생에서 새로운 의미와 목적을 추구하는 것이라면 내부의 지혜와 창의력에 좀 더 깊게 접근하고 삶에서 직면하고 있는 문제를 탐색하기 위해 MIT 프로그램 가운데 일부를 활용할 수 있다. 나는 여러분이 이 깊은 수준을 선택하기를 바란다. 이를 통해 여러분이 갖고 있는 내부의 수많은 자원을 파악하고 이를 활용해 빠르게 변화하고 도전적인 세상에 자신감을 갖고 맞설 수 있으며 여러분의 내적 잠재력을 최대한 발휘할 수 있을 것이다.

강력한 표현 도구

만약 내가 여러분에게 지금까지 살아온 생애에서 최고의 해를 만들 수 있도록 강력한 도구를 준다고 한다면 관심이 있는가? 이제 그 일을 해 보도록 하겠다. 나는 이것을 '강력한 표현 도구' 로 부르는데, 사실 우리 모두는 이를 의식적이든 아니든 일상생활에서 어느 정도 사용하고 있다. 그것은 바로 욕망, 기대, 상상이다. 자, 한 번에 하나씩 살펴보기로 하자.

욕망

위대한 성취는 욕망에서 시작된다. 욕망 없이 목표를 달성했다는 얘기를 들어본 적이 있는가? 만약 여러분이 선택한 목표에 다가서는데 확신이 서지 않는다면 목표를 달성하기 어려울 것이다. 예를 들어,

가족의 압력 때문에 어떤 것을 해야 하거나 다른 사람들의 기대 때문에 어떤 목표를 선택한 경우 문제가 생길 수 있다. 진정한 욕망이 없이 얼마나 목표에 몰입할 수 있을까? 정말로 원하는 것이 아닌데 노력과 재능을 얼마나 목표에 기울일 수 있을까? 이런 상황에서 목표를 달성할 가능성은 얼마나 될까?

일정 기간 내에 여러분이 진정으로 원하는 직장을 잡을 수 있다면 이 목표에 얼마나 전념하겠는가? 바로 이러한 몰입이야말로 필요한 행동을 촉진시켜 꿈을 현실로 변화시킬 수 있을 것이다.

현재 여러분이 일과 관련해 가지고 있는 가장 큰 욕망은 무엇인가? 잠시 생각해 보고 노트에 기록하라. 그것을 느껴 보고 그 감정이 몸에 널리 퍼지도록 하라. 여러분이 앞으로 실직충격 회복 프로그램을 실행할 때는 이 욕망의 감정을 불러내도록 하자.

기대

여러분이 진정으로 성공을 기대하는지 생각해 보라. 많은 연구 결과들은 사람들이 실패하리라 생각하면 결국에는 실패할 가능성이 높다는 것을 보여 주고 있다. 반대로 성공할 것이라고 믿는다면 성공할 가능성은 높아지게 된다.

지명도가 높은 전문 강사이며 『자신의 미래 만들기: 무한대의 성공을 가져오는 12가지 성공요인 숙달하는 방법』(2002)의 저자이기도 한 브라이언 트레이시는 우리의 삶을 지배하는 '마음속의 원리' 를 가르치고 있다. 그 가운데 하나는 사람의 기대가 태도를 결정하고 태도는 현실을 결정한다는 것이다. 즉, 기대하는 것을 얻게 된다는 것이다.

한 내담자가 대학 졸업반인 딸 바바라에 대해 나에게 한 얘기가 있다. 어려운 과목의 기말시험이 다가오고 있었는데 매우 똑똑한 바바라의 룸메이트(전에 동일한 시험에서 과락했음)가 너는 시험에 결코 통과하지 못할 거라고 말하면서 비웃었다고 한다. 바바라는 이를 받아들이고 '저 애도 합격 못했는데 내가 어떻게 합격할 수 있을까.' 하고 생각했다. 그녀는 실패했을 때의 결과를 생각하기 시작했고 극도로 불안해졌다. 시험 준비를 위해 많은 시간을 공부했지만 불안 때문에 기억도 잘 안 되고 시험도 제대로 치를 수 없었다. 결국 기대했던 대로 시험을 통과하지 못했다.

그녀는 나중에 담당 교수와 얘기를 나눌 기회가 있었다. 그 교수는 바바라가 우수한 학생이었는데 시험에 과락한 것을 알고 매우 놀라서 시험 문제 중 일부를 같이 검토하였다. 놀랍게도 바바라는 제대로 답할 수 있었다.

무슨 일이 일어난 것일까? 바바라는 자신을 룸메이트와 비교했고 부정적인 예측을 믿었으며 실패하리라 기대하면서 시험을 보러 갔다. 바바라는 룸메이트가 자신의 생각과 태도, 더 나아가서 성공할 가능성에 큰 영향을 미치도록 내버려 두는 잘못을 범한 것이다.

기대는 여러 가지 중요한 방법으로 우리에게 영향을 줄 수 있다. 연구 참가자들의 기대 또한 연구 결과에 영향을 주는 것으로 나타났다. 이 책의 서론에서 나는 플래시보를 참가자들이 실제로 효과가 없는데 효과가 있다고 믿는 검사 조건으로 정의한 바 있다. 이제 그 정의를 넓게 적용해서 플래시보 조건에서 얻게 되는 긍정적인 결과가 사실은 사람들의 기대 때문이라는 것을 보여 주겠다.

플래시보는 대부분의 경우 아무런 약물이 들어가 있지 않은 약처럼 효과도 해도 없는 절차 또는 기법이다. 플래시보 효과는 참가자들이 순전히 자신의 믿음과 기대 때문에 얻게 되는 긍정적인 결과를 의미한다. 다시 말해, 환자나 연구 참가자들의 긍정적인 반응은 절차나 약 자체가 아니라 절차나 약에 대한 믿음에서 나오게 된다.

고전적인 예는 약물에 관한 연구다. 연구 참가자들은 무선적으로 두세 집단에 할당된다. 첫 번째 집단은 실제 약물이 들어가 있는 알약을 받고, 두 번째 집단(플래시보 통제집단)은 설탕만 들어 있는 알약을 받는다. 두 집단 모두 효과가 있는 알약이라는 정보를 받으며 그렇게 믿는다. 세 번째 집단(통제집단)이 있을 경우 이 집단에게는 아무런 알약도 주지 않는다.

일반적으로 처음의 두 집단은 긍정적인 결과를 얻는다. 약물이 효과적이라면 실제 약을 받은 첫 번째 집단에서 제일 큰 긍정적 결과가 나타나야 한다. 그러나 플래시보 통제집단에서도 상당한 긍정적 결과가 나타난다. 세 번째 집단에서는 어떤 알약도 받지 않았기에 일반적으로 아무런 효과도 나타나지 않는다.

플래시보 효과는 만약 여러분이 효과가 있으리라는 기대를 하면 실제 효과가 나타난다는 중요한 한 가지 결론을 제공한다. 과학자들은 왜 이러한 현상이 일어나는지는 잘 몰라도 이러한 현상이 실제 일어난다는 것은 알고 있다.

따라서 두 번째 강력한 도구인 기대는 여러분의 인생을 바꿀 수 있다. 여러분은 구직 활동과 이 프로그램에서 진정으로 성공 또는 실패를 기대하는지 살펴보기 바란다. 여러분 스스로 그렇게 기대를 하는 것인가, 아니면 다른 사람의 기대를 받아들인 것인가? 기대는 아주 강력한 도구이며 우리에게 도움이 되는 것이지, 절대로 해가 되는 것이 아님을 기억하기 바란다.

상상

여러분이 의식적으로 변화하고 성장하고 바라는 목표에 도달하고 싶다면 상상은 필수 불가결한 도구임을 강조하고 싶다. 여러분은 상상을 활용해 바라는 사건이나 상황을 탐색하고 연습하며 통합하게 된다. 만약 미래 여러분의 모습을 상상해 본 적이 있다면 여러분은 미래 자아를 경험한 것이다. 이러한 상상 과정은 연구 결과에서 목표를 향해 일할 때 노력, 지속, 수행을 증진시키는 것으로 나타났다. 또한 긍정적인 미래 자아를 상상하는 것은 삶의 만족을 높이기도 한다. 마음속에서 미래 자아를 만나는 것은 정신, 정서, 행동에서 긍정적인 결과를 가져다줄 수 있다.

상상은 마음속의 연습에도 효과적으로 사용할 수 있다. 특히, 목표 성취가 가장 중요한 운동 분야에서 점점 인기를 끌고 있다. 마음속의 연습은 능력에 대한 믿음을 향상시키고 정서 관리와 문제해결 능력도 증진시킬 수 있다. 또한 실직과 같은 스트레스 상황에서도 관리 능력을 향상시키는 것으로 나타났다.

마음속의 연습과 욕망을 연계시키게 되면 여러분은 취업 제의를 받는 것과 같은 상상 가능한 사건에 관한 기대를 증대시켜 이를 통해 사고를 행동으로 전환시키는 데 도움을 받을 수 있다.

마지막으로 의도의 중요한 역할에 관한 얘기를 하고 끝마치겠다. 의도는 의지의 활용이다. 모든 사고, 감정 및 행동은 의도에 의해 동기화된다. 목표를 선택하기 전에 진정한 의도를 파악하라. 다음에는 욕망, 기대, 상상이 따르게 된다. 그렇지 않으면 의도는 목표를 방해하거나 파괴할 수도 있다.

스스로 행운을 찾아라

강력한 도구가 실행될 때는 생각했던 것 이상의 결과를 얻을 수 있다. 예를 들어, 나는 내가 포춘지에 소개가 되리라는 것을 결코 상상해 본 적이 없었다. 내 믿음이 너무 제한적이어서 나와 같은 작은 동네 출신의 여학생이 미국 최고 경영 출판물 중의 하나에 소개가 되리라는 것을 생각해 보지 못했다. 그런데도 그런 일이 생겼다.

많은 사람들은 아마도 '운이 좋았겠지.' 라고 생각할 수 있다. 여러분은 도널드 트럼프가 운이 좋았다고 생각하는가? 추측건대, 그는 아마도 이 강력한 도구를 표현하는 것에 대해 어느 정도 알았으리라 생각한다. 아마도 그가 현재 트럼프 타워가 서 있는 뉴욕 시 인근을 빌딩의 모습은 어떨까, 빌딩을 어떻게 제대로 지을 수 있을까 하는 생각을 하면서 수도 없이 걸었으리라고 생각되지 않는가? 매일 밤 마음속으로 빌딩 주변을 돌아다니면서 공사 과정을 보고 그 소리를 들으며 미래의 빌딩에 대한 꿈을 꾸었으리라고 생각되지 않는가? 분명히 그랬으리라 생각한다. 물론 우리 모두가 도널드 트럼프가 될 수는 없다.

그러나 우리는 자신의 운을 만들어 낼 수 있다.

여러분은 자신의 운을 만들어 낼 수 있습니다.

내 경우 가장 깊은 욕망은 실직충격 회복 프로그램이 모든 실직한 사람들에게 도움이 되도록 하는 것이다. 나는 수많은 실직자들이 이 프로그램을 사용하는 것을 상상했다. 또한 마음속으로 미래 자아가 그 목표를 달성한 기쁨에 젖어 있는 것도 경험했다.

언젠가 어떤 기업에서 발표를 마친 후 한 여성이 다가와서는 자신이 얼마나 심란한지에 대해 얘기한 적이 있다. 그녀는 로스앤젤레스에 사는 딸이 하나 있는데 회사 다운사이징으로 해고당했고, 현재 7개월이 지났는데도 아직 직장을 잡지 못하고 있어서 매우 우울해하고 있다고 했다. 그러면서 자신이 딸을 어떻게 도와줄 수 있는지 몰라서 답답하다며 나에게 어떤 좋은 생각이 있는지를 물어보았다.

나는 그녀의 딸인 사라와 접촉해 보기로 했다. 사라는 30대 초반으로서 야심이 많고 아직 미혼이었다. 소프트웨어 회사에서 많은 임금을 받았으나 지금은 생계를 꾸려 가기 위해서 식당 종업원으로 일하고 있었다. 사라는 희망을 갖고 있지 않았고 몇 개월 동안 잠도 제대로 이루지 못했다. 전에 MIT를 사용해 본 적이 없었고 그 효과에 대해 상당히 회의적이었다. 그녀는 나와 몇 번의 전화 통화를 했고 결국 MIT 프로그램을 마쳤다.

침체에 빠진 하이테크 산업에서는 사람을 뽑지 않았기 때문에 사라는 관심은 있었으나 경험이 전혀 없는 음악 관련 분야에서 구직 활동을 시작했다. 한 달이 지나지 않아서 사라는 나에게 전화를 걸어 "아, 정말 믿을 수 없어요."라고 말하면서 음악회사에 인턴으로 취업이 되었다고 자랑했다. 회사에서 그녀에게 기회를 주기로 결정했던 것이다. 그녀는 자신이 전혀 경험은 없지만 일하고 싶었던 분야에 새로 진출하게 된 것이다. 사라는 결국 자신의 행운을 스스로 만든 것이다.

다시 포춘지로 돌아가 보겠다. 사라가 계속 일자리를 찾고 있는 동안 그 잡지의 기자가 노동시장에 관해 물어보러 그녀에게 전화를 걸었다. 기자는 실직에 관한 기사를 쓰고 있었다. 사라는 기자에게 자신에게 도움을 주고 있는 MIT 프로그램에 관해 설명했고 나와 얘기해 보라고 제안했다. 기자는 그러겠다고 하면서 나의 전화번호를 물어보았다고 한다. 그러나 일주일이 지나도 전화가 없어서 나는 사라에게 그 기자의 이메일 주소를 알아내 간단히 나와 MIT를 소개하는 메일을 보냈다.

20분이 채 안 되어서 답장이 왔는데, 전화 인터뷰를 한 후 내 프로그램 내용을 잡지에 싣겠다는 반가운 소식이었다.

이 이야기를 통해 내가 전달하려고 하는 메시지는 자신의 행운은 스스로 만들어야 하며 주변에서 그 기회를 찾아야 한다는 것이다. 항상 자신이 원하는 것을 요구하고 그것을 얻기 위해 행동하라. 단, 누군가가 해를 입어서는 안 된다. 의도가 분명하고 강한 욕망과 기대가 뒷받침되고 원하는 목표를 탐색하며 경험할 상황을 상상하기 시작할 때 성공은 여러분이 기대했던 것보다 더 빨리 찾아올 것이다.

따라서 욕망, 기대, 상상은 재취업 성공에 이르는 데 도움을 줄 수 있는 강력한 도구다. 이 프로그램을 통해 그와 같은 감각을 경험할 수 있는 기회가 많이 있을 것이다.

여러분에게 MIT에 관해 소개했으니 이제는 실습을 해 볼 차례다. 먼저 설명하는 내용을 잘 읽고 방해받지 않고 진행하기 위해 눈을 감는다.

먼저 숨을 깊이 들이마시고 완전히 내쉬면서 몇 차례 깊은 호흡을 하라. 앞으로 여섯 번의 MIT 프로그램 세션을 가질 것임을 상상하라. 회의가 들 수 있겠지만 큰 효과를 볼 수 있도록 프로그램에 최선의 노력을 기울이기 바란다. 각 세션의 내용을 다 모른다 해도 구애받지 말고 계속 진행하기 바란다. 점점 긴장이 풀어지는 것을 상상하면서 두려움과 걱정을 털어 내자. 여러분의 인생이 좀 더 나은 삶을 위해 변화되어 가고 있으며, 불편했던 과거를 뒤로하고 새로운 희망과 긍정적인 기대를 가지고 앞으로 나아가고 있다고 생각하라. 이제 여러분은 자신의 인생을 다시 책임질 수 있으며 마음이 편해진다. 프로그램이 진행되면서 자신감이 높아지고 여러분이 원하는 성공적인 미래를 만들어 가고 있다는 것을 마음과 가슴으로 느끼게 된다. 새로운 방향과 신나는 기회가 펼쳐지고 있다. 위기와 역경으로부터 성공 기회가 온다는 것을 믿고 기대하라. 이제 눈을 뜨고 잠시 휴식을 취하라.

다음 장에서 여러분은 실직충격 회복 프로그램의 구조와 구체적인 실행 방법에 대해 더 자세히 배우게 될 것이다.

3

실직충격 회복 프로그램

잘못을 찾지 말고 개선책을 찾아라.

-헨리 포드-

프로그램의 기본 원리

이 책의 출발점은 내가 박사논문 연구를 위해 개발한 독특한 MIT 시스템이다. 나는 심각한 개인적 손실이 성공을 가로막을 수 있으며, 빠른 회복은 이러한 손실을 정서적으로 어떻게 해결하느냐에 달려 있다는 것을 알고 이 프로그램을 개발하려는 동기를 갖게 되었다.

실직충격 회복 프로그램은 긴장이완 연습과 네 개의 심상 시나리오가 합해진 전체 여섯 개의 세션으로 구성되어 있다.

세션 1, 2, 3에서 여러분은 실직과 관련된 감정을 마음속으로, 정서적으로 해결하게 될 것이다. 전 회사 사장에게 하고 싶은 말이 마음속에 있다면 이 세션에서 해결할 수 있다. 이 세션에서는 여러분에게 자신을 표현하는 방법에 대해 가르칠 것이다. 이를 통해 해결되지 않은 감정을 털어 낼 수 있을 것이다. 정서 해결에서 중요한 이 첫 번째 단계는 과거 직장을 뒤로 하고 새로운 직장을 향해 나아가는 과정부터 시작한다.

실직충격 회복 프로그램은 여섯 개의 세션으로 구성되어 있으며,

- 실직으로 인한 불안감을 해결하고,
- 자신감을 형성하고,
- 구직 면접 스킬을 향상시키고,
- 원하는 직장에의 취업을 돕기 위한 것이다.

이 세션에서 나는 마음속으로 가장 행복하고 성공한 '미래 자아'를 여러분에게 소개할 것이다. 이를 통해 여러분의 희망과 자존심 향상 및 중요한 아이디어 생성을 도울 수 있을 것이다. 이 간단한 경험을 통해 동기를 증대시키고 구직 활동 능력도 향상시킬 수 있다.

나머지 세 개 세션(4, 5, 6)에서는 마음속으로 구직 면접을 잘할 수 있는 방법을 연습하게 된다. 또한 마음속으로 무한대의 지원을 받을 수 있는 멘토를 만들고 그와 상호작용하게 된다. 이 경험을 통해 여러분은 미래의 경력, 꿈을 더욱 개발할 수 있으며 내부 깊숙이 자리 잡고 있는 지혜에 다가설 수 있을 것이다.

전체적으로 시나리오 경험은 긴장을 이완시키는 데 도움이 된다. MIT 프로그램을 처음 접하는 것이라면 따로 요구되는 스킬은 없으니

걱정하지 말라. 처음부터 단계별로 차근차근 안내할 것이며 실습을 해 나가면서 향상될 수 있을 것이다.

MIT 대본과 사용방법

이 프로그램은 여러분에게 구체적인 마음속 경험을 통해 안내해 주는 시나리오 형태의 MIT 대본을 사용한다. 이 기본 프로그램 대본은 모듈 1과 모듈 2의 두 모듈로 나누어진다.

두 기본 대본 외에 여러분의 MIT 스킬을 증진시키고 재취업 성공을 촉진하기 위한 더 많은 자원을 제공하기 위해 보충 대본(부록 B에 제시함)도 제시하였다. 이 대본은 모듈 1, 2와 구분하기 위하여 연습 번호와 함께 제시된다.

전체 대본을 사용하는 방법에는 여러 가지가 있다. 나는 여러분에게 대본을 오디오테이프로 녹음할 것을 권유한다. 특히, MIT가 처음이라면 더욱 그렇다. 오랫동안의 경험을 통해 나는 녹음한 대본을 더 선호하게 되었다. 왜냐하면 다음에 무엇을 해야 할지 생각하지 않아도 되고 프로그램에 깊이 몰두할 수 있기 때문이다.

만약 테이프로 녹음한다면 녹음 전 큰 소리로 대본을 읽어 보는 연습을 하라. 대본에 '…' 표시가 있는 부분에서는 잠시 쉬고, 녹음 중 부드러운 목소리를 유지한다. 가능한 한 '여러분' 이라는 말 대신 여러분의 이름을 사용하는 것이 좋다. 만약 여러분의 목소리가 편안하게 들리지 않는다면 가족이나 친구에게 부탁해서 녹음을 한다. '기본 긴장이완 기법' 대본을 녹음하는 동안에는 편안한 음악을 트는 것도 생각해 보라. 여러분을 차분하고 평화롭게 만드는 음악을 선택하라. 아주 느린 리듬도 좋다. 대본을 한두 줄 정도 녹음한 다음 다시 재생시켜서 제대로 녹음되었는지를 확인한다. 녹음 상태가 좋지 않을 경우에는 다시 조정하라.

만약 녹음 대신 매번 대본을 읽고자 한다면 프로그램 시작 전 두 번 정도 읽어 본다. 전체 과정에 대한 이해가 분명해지고 나중에 눈을 감고 마음속으로 프로그램을 진행해 나가기가 좀 더 수월할 것이다. 긴장이완 상태에서 대본이 필요하다면 눈을 잠시 뜨고 봐도 좋다. 대본을 빨리 찾기 위하여 미리 대본에 중요한 부분을 표시해 두는 것도 좋다.

프로그램 구조

두 모듈 대본은 각기 세 세션으로 모두 여섯 세션이 진행된다. 반복은 경험에 중요한 영향을 주며 프로그램 성공에 중요하다. 세 가지 세션에 대해 동일한 기본 절차를 사용하지만 개인적인 경험은 다를 수 있다. 예를 들어, 모듈 1의 해결과 종결 과정을 실행할 때 세션 1에서 전 직장 상사에 대한 생각과 감정을 마음속으로 표현하는 것을 선택할 수 있으며, 세션 2에서는 전 직장 동료에게 실직으로 인한 감정을 마음속으로 표현할 수 있다.

또 다른 예로 세션 4, 5, 6(모듈 2)에서는 구직 면접을 마음속으로 연습하고 멘토를 만나게 된다. 세션이 계속되면서 멘토와의 의사소통은 좀 더 쉽게 진행된다. 자신이 얘기하는 것과 멘토의 피드백이 좀 더 분명해진다. 나아가 매번 다른 직장 면접을 하면서 다른 면접자가 질문하는 경험을 하는 것으로 결정할 수 있다. 다시 말해, 세 가지 세션에서 기본 절차는 동일하지만 실제 경험은 사람들마다 다를 수 있다.

모든 세션은 기본적인 긴장이완과 정서적으로 안전한 장소를 찾는 세션 이외에 두 가지 다른 세션으로 구성되어 있다. 그 순서는 다음과 같다.

모듈 1: 세션 1, 2, 3 모두 다음의 내용을 포함한다.

- 기본 긴장이완과 안전한 장소
- 정서 종결
- 미래 자아 만나기

모듈 2: 세션 4, 5, 6 모두 다음의 내용을 포함한다.

- 기본 긴장이완과 안전한 장소
- 마음속으로 구직 면접 연습하기
- 멘토 만나기

무엇을 언제 해야 할지 걱정하지 말라. 전 과정을 단계별로 차근차근 안내해 줄 것이다. 모듈 1의 첫 번째 세션은 4장의 끝에서 시작하고 6장을 마친 후에 모듈 2를 시작하게 된다.

하루에 한 세션 이상은 하지 않는 것이 좋다. 너무 많이 할 경우 시간이나 공간상 정서적으로 몰입하기 어렵다.

최대의 효과를 거두기 위해서는 순서대로 진행하는 것이 중요하다. 즉, 대본 순서대로 진행해야 한다. 예를 들어, 실직으로 인한 슬픔이 해결되고 정서를 종결한 후에 모듈 2의 '마음속으로 구직 면접 연습하기' 세션으로 넘어가야 한다. 그렇지 않을 경우 슬픔과 스트레스로 인해 제대로 실행하기 어렵게 된다. 만약 이러한 감정을 가진 채 구직 면접 세션을 진행한다면 태도와 수행에 영향을 주게 될 것이다.

처음 직장을 잡았던 영업직에서 나는 태도에 관한 귀중한 교훈을 배운 바 있다. 20대 중반 무렵 제약회사에서 유아용 분유와 약을 소아과 병원에 홍보하는 일을 하게 되었다. 첫날 아침 나는 차 트렁크에 소아과 병원에 배달할 제품을 싣다가 9kg 정도 되는 분유 상자가 왼쪽 발에 떨어져 뼈가 부러지는 사고를 당했다. 너무 아파 비명을 지른 후 병원으로 차를 몰았고, 결국 무릎 아래로 깁스를 해야만 했다.

처음에는 당황했고 나 자신에게 매우 화가 났다. 첫 직장에서 일을 잘하고 고객에게 좋은 인상을 주고 싶었다. 기분은 말할 필요도 없이 실망 그 자체였다. 그러나 유아용 분유를 배달해야 했고 나는 항상 상황의 긍정적인 측면을 바라보는 경향이 있었기 때문에 최선을 다하자고 결심했다. 나는 그 상황에서 내가 할 수 있는 진심 어린 미소를 보이면서 바로 그날 배달을 해냈다.

분유를 실은 카트를 뒤로 끌면서 소아과 병원에 들어갔을 때, 내가 처음으로 병원에 방문했다는 것을 믿기 어려울 정도의 상황이 발생했다. 모두들 머리를 돌려 나를 쳐다보았고, 수간호사를 비롯해 몇몇 간호사들은 도와주기 위해 다가왔다. 그 간호사들은 내가 다리가 부러진 날에도 배달하는 것을 보고 진정으로 용감한 사람이라고 불렀다. 그 후 우리는 친구와 같이 농담하면서 지내게 되었다.

그리고 한 달 동안 모든 것이 순조로웠다. 발을 다친 것이 오히려 전화위복이 된 셈이었다.

주어진 상황에서 최선을 다하겠노라고 결심함으로써 나는 깨닫지 못할 뻔했던 기회를 활용하게 된 것이다. 첫 직장에서 나 자신이 할 수 없다고 생각하는 대신 상황을 긍정적으로 보면서 어깨를 펴고 당당히 앞으로 나아갔다. 자기 연민과 분노에 찬 상태로 고객을 접했더라면 결코 직장에서 환영받지 못했을 것이다. 그 당시 처음으로 나는 긍정적인 태도의 힘을 의식적으로 인식하였다. 그것은 귀중한 교훈이었다.

만약 여러분이 현 상황에서 긍정적인 것을 찾기 어렵다면 이 프로그램은 상황을 바꾸어 줄 것이다. 전체 프로그램은 여섯 세션에 끝나게 되지만 실직충격이 강한 일부 고객은 모듈 1에서 세션을 몇 차례 더할 수도 있다.

잭의 예를 들어 보겠다. 잭은 25년 동안 큰 운송회사에서 일해 왔으며 몇 번 자리를 옮긴 적이 있었다. 회사는 그의 인생의 전부였기에 해고 통지를 받았을 때 뼈아픈 고통을 겪었다. 잭은 회사에서 일하는 동안 업무와 관련해 심한 외상을 경험했다. 그는 회사가 자신을 해고한 비정한 방법에 대해 강한 감정을 가진 채 나를 찾아왔다. 잭의 경우 모듈 1에서 여섯 번의 세션을 가진 후에야 겨우 정서를 종결할 수 있었다.

사람마다 차이가 있으니 감정이 시키는 대로 진행 속도를 조절하라. 이와 같은 방법이 가장 큰 혜택을 볼 수 있을 것이다.

효율적인 MIT 세션 활동방법

MIT 프로그램을 처음 접하든 많은 경험이 있든 간에 프로그램의 효과를 높이기 위해 여러분이 할 수 있는 것이 몇 가지 있다.

- 대부분의 사람은 앉아 있을 때보다는 누워 있을 때 더 편안함을 느낀다. 앉아 있는 자세에서는 머리와 목이 충분히 지지되지 못하기 때문에 완전히 편안함을 느끼지 못한다. 가능한 한 평안하고 편안한 상태를 유지하는 것이 좋다. 누워 있을 경우 잠드는 경향이 있다면 목이 지지될 수 있도록 반쯤 누운 자세를 취한다. 처음에 어떤 자세가 편한지를 실험하라.
- 세션 진행 중 잠드는 경우가 있다면 밤에 잠을 잘 자지 못할 수 있다. 긴장이완과 심상 스킬을 연습하면 긴장이완 상태에서 깨어 있는 방법을 배우는 데 도움이 된다. 세션이 진행되는 동안 눈을 뜨고 앞에 있는 특정 지점을 쳐다보는 것도 한 방법이다.
- 신발을 벗고 편한 옷을 입는다. 나는 가끔씩 빛을 차단하기 위해 눈가리개를 하는 편이다. 이를 통해 정신을 내부로 쉽게 돌리고 프로그램에 더 잘 집중할 수 있다.
- 사무실이나 침실과 같이 방해받지 않는 장소를 선택하고 가족에

게 세션을 진행하는 약 20분 동안 조용한 시간을 가질 수 있도록 방해하지 말 것을 요구한다.

- 만약 주변 환경이 조용하지 않다면 선풍기를 켜거나 헤드폰을 착용한다.
- 일지를 갖고 있으면서 필요할 때 기록을 한다.

요구되는 경험

여러분이 MIT가 처음이라도 경험 부족에 관해 걱정할 필요가 없다. 지금까지 대부분의 참가자들도 MIT 사전 경험이 없었다. 그런데도 이 프로그램을 경험한 사람들 중 62%가 두 달 내에 새로운 직장을 잡았다. 아마 이 책에 설명되어 있는 것과 같이 추가 세션과 좀 더 심도 있는 정보를 제공했다면 더 많은 사람이 두 달 내에 재취업에 성공했으리라 생각한다.

참가자 중 대부분이 MIT 사전 경험이 없다고 말했기 때문에 나는 그들이 프로그램에 참여하는 동안 어떻게 느끼는지 궁금했다. 마지막 세션이 끝나고 두 달 정도 지난 후 나는 그들에게 프로그램 진행 중 어떻게 느꼈는지를 기술하고 전체 프로그램에 대한 소견을 부탁했다.

41세이며 자식이 하나 있는 앨리슨은 마케팅 부장으로 회사에 입사한 지 두 달 만에 해고되었다. 앨리슨은 전직지원 회사를 통해 이 프로그램에 참여하기 전 3개월 동안 구직 활동을 했고 마음이 매우 편치 않은 상태였다. MIT에 대한 경험이 없었고 처음에는 회의적이었지만 한번 해 보겠다고 마음을 먹었다. 마지막 세션이 끝난 후 그녀는 이제 편안하고 자신을 통제할 수 있고 안전하고 희망을 느끼며, 또 프로그램을 통해 마음의 평화와 자신감을 얻을 수 있었다고 적었다. 그녀는 두 달 만에 신생 기업의 아트디렉터로 취업하는 데 성공했다.

여기에 다른 참가자들이 한 말을 적어 보겠다.

"정말 내가 이 과정을 끝내서 기뻐요. 전체 과정을 기억하기 위해 노력할 것이고 앞으로는 스스로 해 나갈 겁니다."

"계속 집중하기 힘들었지만 아주 편안하고 평화로워요. 전에는 정신이 멍해지곤 했거든요."

"더 많은 자신감을 느끼고 이 프로그램이 분명히 새로운 경력을 시작하는 데 도움이 되리라 생각해요. 전체적으로 내게 맞는 직장을 얻을 수 있다는 자신감을 얻었어요."

"내게 가장 도움이 되었던 것은 심상의 가치를 깨달은 것이었어요. 분명히 가능성이 있다고 생각해요. 그러나 효과를 보기 위해서는 지속적으로 좀 더 편안한 상태에서 시작할 필요가 있고 더 많은 시간이 필요하다고 생각해요."

"더 많은 통제감을 얻었어요. 세상을 보는 눈도 커졌구요. 세션 1~3은 다른 삶의 어려운 문제를 해결하는 데도 사용할 수 있을 것 같아요. 매일 세션을 활용하게 되면 큰 도움이 되리라 생각해요. 정말 테이프 복사본을 갖고 싶어요."

이렇게 MIT 사전 경험이 없이 간단한 소개만으로도 참가자들은 중요한 것을 얻었다고 느꼈다. 여러분도 그럴 수 있으리라 믿는다.

다음 장에서 모듈 1에 관해 자세히 배우기로 하겠다. 먼저 긴장이완의 장점과 첫 대본을 소개하도록 한다.

2부

종결의 힘: 모듈 1

4

긴장이완과 안전한 장소 만들기

큰 폭풍은 조용한 중심에서 힘을 얻는다. 사람도 마찬가지다.
-노먼 빈센트 필-

긴장이완의 장점

여러분은 각 MIT 프로그램 세션을 통해 근육의 긴장이 덜어지며 호흡이 늦춰지고 상상 속의 안전한 장소를 방문하는 긴장이완 연습을 시작하게 된다. 스트레스를 감소시키는 것 외에 이 연습은 주의가 산만해지는 것을 줄이는 데도 도움을 준다. 이를 통해 신체적 평안이 증진되며 마음속 경험에 더욱 집중하게 된다. 많은 전통적인 치료 과정은 이와 같은 중요한 단계를 거친다.

공식적인 긴장이완 훈련은 에드문드 제이콥슨 박사(1938)가 소개한 '점진적 긴장이완'과 연관이 깊다. 점진적 긴장이완 훈련은 16가지 각각의 근육을 긴장시키고 이완시키는 과정을 되풀이하는 것이다.

점진적 긴장이완 훈련이 긴장을 시키든 시키지 않든 간에 효과가 동일하다는 연구 결과가 최근 발표된 바 있다. 따라서 제임스 오버홀서(1990)가 공식적으로 소개한 '수동적 긴장이완 훈련'을 이 프로그램에서 사용할 것이다. 즉, 처음에 근육을 긴장시키지 않고 바로 이완하게 될 것이다.

호흡을 통한 긴장이완은 일을 하거나 돈 계산 또는 심부름을 하거나 다른 무엇을 하든지 언제라도 스트레스를 경감시킬 수 있는 빠르고 쉬운 방법이다. 호흡은 정서 상태의 영향을 받는다. 예를 들어, 스트레스를 느낄 때는 호흡이 짧아진다. 그러나 이를 의식하고 천천히 내쉬면서 호흡을 조절할 수 있다. 호흡을 편안하게 함으로써 신체와 마음을 편안하게 할 수 있으며 스트레스 수준을 떨어뜨릴 수 있게 된다.

긴장과 스트레스에서 잠시 숨을 돌리기 위해 배로 깊이 숨을 쉴 필요가 있다. 갓난아기가 누워서 잠자는 것을 보면 배가 나왔다 들어갔다 하는 것을 볼 수 있다. 바로 이것이 자연스럽고 건강한 호흡방법이다. 그러나 대부분의 사람은 배보다는 가슴을 팽창했다 수축하는 방법으로 숨을 약하게 쉬는 편이다. 이 프로그램의 긴장이완 대본을 통해 세션을 진행해 나가면서 숨을 깊이 들이마시고 완전히 내쉬는 동안 의식적으로 호흡을 천천히 하고 배가 나왔다 들어갔다 하는지를 느껴 보라.

수동적인 긴장이완 방법을 통해 근육을 이완시키고 근육에 있는 긴장을 다 털어 내는 방법에 대해서도 설명할 것이다.

이제 과정을 조금 진행해 보도록 하겠다. 발을 바닥에 대고 앉거나 눕는다. 발에 주의를 기울인다. 발과 발가락 근육이 천천히 이완되고 몸이 풀리고 따뜻해지기 시작하는 것을 느낀다. 발과 발가락이 이완되는 것을 느끼기 어렵다면 처음에 긴장을 시키고 이완하는 방법을 써 보도록 하라. 이 방법은 점진적 근육 긴장이완 기법으로서, 처음에 긴장시킴으로써 신체가 각 근육을 인식하게 되고 이를 이완시킬 수 있게 된다. 이 방법을 통해 몇 번 이완을 시키게 되면 나중에는 처음에 근육을 긴장시키지 않아도 이완시킬 수 있을 것이다.

이 프로그램의 기본 긴장이완 기법 대본에는 상상 속의 안전한 장소를 찾는 내용이 포함되어 있다. 일단 그곳에 가면 여러분은 편안함과 평화로움을 느낄 수 있다. 모든 MIT 세션은 바로 이 안전한 장소에서 시작되고 진행된다. 이러한 방법을 통해 다시 그곳을 방문할 때는 마음을 이완된 상태로 즉시 돌아가게 할 수 있을 것이다. 실제로 일상생활에서 언제라도 해방될 필요가 있다고 느끼면 이 안전한 장소로 짧은 여행을 해서 불안을 해소시킬 수 있다.

긴장이완이 여러분의 삶에서 많은 혜택을 주고 응용될 수 있기 때문에 이 장에 긴장이완 대본을 포함시켰다. 이 내용은 6장의 모듈 1에서 보게 될 대본과 유사하다. 이제 이 대본을 가지고 시작해 보라. 여러분의 스트레스를 당장 경감시키는 데 도움을 받을 수 있으며, 6장에 나오는 모듈 1 프로그램을 진행할 때 좀 더 깊이 이완할 수 있을 것이다.

대본: 기본 긴장이완 기법

먼저 편안한 곳을 찾으십시오.… 눈을 천천히 감으십시오. 숨 쉬는 데 신경을 쓰십시오. 이제 숨을 깊이 들이마셨다가 크게 내뱉습니다. 이 과정에서 가슴이 아닌 배로 숨을 쉬도록 하고 배가 나왔다가 들어가도록 해 주십시오. 자, 다시 또 긴장을 푼 상태에서 천천히 숨을 들이마십니다. 이제 다시 숨을 내뱉으면서 몸의 긴장도 함께 몰아내십시오. 다시 들이마시고 내뱉고… 이제 점점 긴장이 풀리면서 평온해짐을 느낄 수 있습니다.… 언짢았던 생각들이 모두 사라져 버리는 것을 상상하십시오. 잠시 동안 당신의 마음은 정지되어 있으며 차분하고 느긋해짐을 느낍니다.… 자, 계속해서 숨을 깊게 들이마시고 다시 내뱉습니다.

평온한 상태에서 잠시 동안 이 순간을 즐기십시오. 처음 근육을 이완시킬 때는 어색함을 느낄 겁니다. 하나부터 열까지 세는 동안 점점 이완이 되도록 하십시오.… 점점 이완함에 따라 모든 불안이 다 사라져 버리는 것을 상상하십시오.… 하나, 둘, 셋, 넷, 다섯, 여섯, 일곱, 여덟, 아홉, 열… 아주 좋습니다. 이러한 느낌이 몸 전체로 퍼져 나가도록 하십시오.… 이제 당신은 따뜻한 느낌을 가지게 될 겁니다. 이것은 긴장이완이 충분이 되었다는 신호입니다.

이제 당신의 다리로 주의를 돌리십시오.… 다리와 발가락의 모든 근육이 천천히 이완되는 것을 느껴 보십시오.… 이 근육들이 풀리고 따뜻해지면서 이완이 종아리 전체로 퍼져 나가도록 하십시오.… 이제 무릎에 느껴지는 긴장을 풀 차례입니다.… 다음은 넓적다리 근육이 이완되는 것을 느끼십시오. 모든 긴장을 밖으로 떨어내십시오.… 이와 같은 긴장이 풀리고 평온한 마음은 당신이 자신에게 주는 선물입니다.

다음은 엉덩이와 배입니다.… 모든 근육을 이완시키십시오.… 긴장이 몸에서 빠져 나가도록 다 털어 내십시오.… 이제는 등으로 가서 긴장을 풀고 목과 어깨로 가십시오.… 숨을 깊게 쉬면서 계속해서 긴장을 푸십시오.

다음은 팔, 팔뚝, 손으로 갑니다.… 모든 걱정과 책임을 다 떨어 버리십시오. 다시 나중에 생각하면 됩니다.… 손가락도 긴장을 푸십시오.… 턱, 얼굴, 눈, 머리로 가면서 역시 모든 근육을 이완시키고 편안함을 느껴 보십시오.

이제는 몸 전체를 다시 한 번 훑어 보면서 남아 있는 긴장이 있는지 살펴보기 바랍니다.… 조금이라도 남아 있다면 다 털어 내십시오.… 다시 한 번 마음의 평온함을 즐기십시오.

마음이 차분하고 평온해지도록 더 깊게 이완하십시오.… 당신은 모든 생각과 걱정을 다 떨어낼 수 있습니다. 깊고 평온한 상태에만 집중하십시오.

자, 더 깊게 들어갑니다.… 당신은 혼자 있으며 평화를 느낄 수 있는 안전한 장소에 있음을 상상하십시오.… 안전한 장소를 만들 수 있고, 언제라도 원하는 대로 바꿀 수 있습니다.… 그곳은 해변가에 잔잔한 파도가 이는 자연 속의 한적한 장소일 수도 있으며, 새들의 편안한 노랫소리를 들을 수 있는 숲일 수도 있습니다. 또는 들꽃 사이로 잔잔한 바람이 속삭이는 산 속의 초원일 수도 있습니다. 당신이 편안하고 안전함을 느낄 수 있는 곳이라면 어디든 상관없습니다.

이제 안전한 장소를 둘러보십시오.… 모양과 색깔을 살펴보십시오. 점점 분명해질 겁니다.… 대략 시간이 몇 시나 되는지 살펴보십시오. 아침인지, 아니면 해가 질 무렵인지… 자연의 속삼임에 귀 기울이십시오.… 향기로운 공기를 맛보고 발 밑의 땅을 느껴 보고 손가락을 물에 넣고 휘저어 보십시오.

당신이 원하는 대로 바꿔 보십시오. 이곳은 당신의 장소입니다.… 아무도 당신의 초대 없이는 이곳에 올 수 없습니다.… 당신 자신의 통제하에 있는 곳입니다.… 편안함을 느낍니다.… 숨을 깊이 쉬면서 걱정되는 모든 생각들을 다 털어 내십시오.

이제 천천히 현실로 돌아옵니다.… 상쾌함을 느낍니다.… 눈을 천천히 뜨십시오.… 천천히 깊은 숨을 몇 번 쉬십시오. 그리고 현재를 즐기십시오.

여러분은 이제 고통스러운 감정을 조절할 수 있는 방법을 배울 준비가 되었다. 이제 그러한 감정이 다시는 여러분의 성공과 다른 사람과의 상호작용을 가로막지 못할 것이다. 다음 장에서는 직장을 잃은 고통을 치유하는 방법을 소개하겠다. 이 프로그램의 정서 종결 과정을 소개하고 정서를 조절할 수 있는 네 단계에 대해 설명하겠다.

5 고통스러운 감정 조절

먹을 것이 없을 때 화가 나지만 배고픔은 살을 찌게 만든다.
-에밀리 디킨슨-

종결의 중요성

논리적으로 왜 많은 회사들이 다운사이징이나 합병 등을 할 때 종업원들을 대량 해고하는지 이해할 수 있다. 재정적인 어려움에 직면하면서 생존방법을 찾아야 하기 때문이다. 일시적인 대량 해고는 개인의 업무수행 능력과는 큰 관련이 없다. 아마 여러분도 어느 정도 이해할 수 있을 것이다. 냉철히 생각하면 삶의 한 부분이고 삶은 항상 변화하기 마련이다.

물론 사실이 그렇다. 그러면서도 내부에서는 계속해서 "회사가 내 인생을 이렇게 쥐고 흔들 권리는 없어! 사람을 이렇게 대하고 제대로 버텨 낼 수 있을 것 같아?" 라고 소리치는 것을 들을 수 있을 것이다.

실직은 전 직장 고용주에 대한 분노를 촉발시키며 자신의 취약함에 부끄러움을 느끼게 만들 수 있다. 이러한 감정은 실직과 관련이 있는 사람에 대해 비난하고 처벌하거나 파괴적인 상상을 가져올 수 있다. 실제로 이런 일이 생긴다면 그 생각과 감정은 여러분의 양심과 갈등을 불러일으키게 되며, 그러한 공격적 충동에 대해 죄의식을 느끼거나 부끄러워하게 될 수 있다.

그러나 그러한 감정은 정상적인 것이다. 그런 감정이 여러분을 나쁜 사람으로 만들지는 않는다. 우리는 다양한 정서를 표현할 수 있는 인간이다. 파괴적인 상상을 고려하지 않는다 하더라도 그것을 부인하고 억누르는 것도 앞으로 나아가는 데 방해가 될 것이다. 여러분도 알다시피 억압된 감정은 구직 활동에 영향을 주어 목표를 달성하는 데 장애가 될 수 있다.

여러분이 면접관이라고 가정하고 구직자와 전 회사에 대해 얘기를 하고 있는데, 그 구직자가 전 직장 고용주에게 반감을 가지고 있는 것을 느꼈다고 가정해 보자. 여러분은 그 사람을 팀 구성원으로 받아들이겠는가? 아마도 그렇지 않을 것이다. 사실 많은 고용주들은 개인의 이력서보다 그 사람의 태도를 더 중시한다고 말한다.

나 역시 임원들의 취업을 담당했던 과거 경험에 비추어 볼 때 이것이 맞다고 생각한다. 나는 관리직으로 취업하려는 사람들을 모집하고 면접하는 역할을 담당했는데, 전 직장 고용주에게 대해 미해결된 문제를 계속 품고 있는 사람들을 관찰할 수 있었다. 이러한 사람들은 최종 후보자가 되기 어렵다는 것을 경험을 통해 알 수 있었다.

예를 들면, 해고된 후 한 달 동안 실직 상태였던 자넷을 면접했을 때 그녀가 제출한 이력서와 추천서는 매우 화려했다. 그녀는 해고 직전 오렌지 카운티에 있는 테크놀로지 회사의 부서장으로 5년 동안 일했다. 능력이 있고 열정적으로 보여서 나는 그녀를 고객사에 소개시켜 주었다.

그 회사의 임원은 세 차례에 걸쳐서 자넷을 면접했지만 결국 그녀를 고용하지 않기로 결정했다. 상황을 알아본 결과, 그녀는 면접 중 면접관들에게 논쟁이나 싸움을 걸어 그로 인해 회사에 적합하지 않은 사람으로 결정이 났던 것이다.

나는 자넷과 그 결정에 대해 논의했을 때 그녀는 놀란 표정이었으나 이내 이해하는 것처럼 보였다. 그녀는 자신의 해고 과정에 관한 얘기를 해 주었다. 사무실에 도착한 어느 날 아침, 자넷은 사무실 문 앞에서 상사를 만났다. 상사는 두 명의 경비원을 거느리고 있었으며 회사가 그녀를 해고하기로 결정했다는 사실을 통보했다. 그녀는 깜짝 놀랐고 상사가 당장 짐을 싸서 나가라는 요청을 했을 때는 더욱 크게 놀랐다. 경비원들은 자넷을 회사 건물 밖까지 끌고 나갔다. 그녀는 그런 날이 올 수 있다는 것을 예상하지 못했고 경멸과 비하를 느꼈으며 매우 화가 났다.

원치 않는 정서가 구직에 영향을 주는 것을 피하기 위해서는 종결에 도달해야 합니다.

여러 주에 걸쳐 그녀의 당혹한 감정은 지속되었으며 어떻게 해결해야 좋을지 몰랐다. 대신 그것을 무시하기 위해 노력했고 그 상태로 지금까지 왔던 것이다. 그리고는 그녀의 밑바탕에 있던 분노가 면접 도중에 표출된 것이다.

또 다른 정서 억압의 부정적 결과는 하나의 정서를 억압하면 다른 모든 정서에도 영향을 준다는 점이다. 자신의 슬픔을 효과적으로 경험하지 못하게 되면 긍정적인 정서를 느낄 수 있는 능력에도 영향을 주게 된다. 그로 인해 가장 효과적인 구직 활동을 실행하는 데 필요한 에너지와 열정을 불러일으키는 것이 매우 힘들게 된다.

여러분은 정말로 우울했던 적이 있는가? 한두 시간이 아니라 며칠 혹은 몇 주를 얘기하는 것이다. 그런 적이 있다면 슬픔과 절망감을 제외하고는 어떤 정서도 느끼지 못하며 세상과 단절되어 공허한 상태에서 살아가는 것과 같은 느낌이었을 것이다. 분노나 열정조차도 느낄 수 없었을 것이고 어디엔가 붙잡힌 것 같은 느낌이 들었으며, 어떤 것도 성취하려는 동기가 생기지 않았을 것이다. 우울은 종종 분노를 표현하지 못한 경우 나타난다.

내가 얘기하려고 하는 점은 고통스러운 감정을 억누르는 것은 여러분에게 득이 될 것이 없다는 것이다. 인간이 동물과 다른 점은 정서가 있다는 것이다. 인간은 기본적으로 감정적이다.

억압된 정서가 구직 및 면접 과정에 영향을 미치고 그로 인해 재취업 성공을 막을 수 있는 것을 어떻게 피하겠는가? 먼저 정서 수용 단계에 도달하고 고통스러운 감정을 종결하라. 그리고는 그 감정을 털어 내라.

정서 정복의 네 단계

이 프로그램의 정서 종결 대본에서는 슬픔을 치유하는 것을 돕기 위해 설계된 네 단계를 거치게 된다. 정서를 정복하는 것을 배움으로써 정서가 장애가 되는 것이 아니라 도움이 되는 방향으로 작용하도록 만들 수 있다.

이 네 가지 단계를 거쳐 정서 종결 및 치유에 도달하고 여러분을 괴롭힌 감정에서 해방될 수 있다. 이 대본에 나와 있는 단계를 밟으면서 해결방법을 찾을 수 있을 것이다. 네 단계는 다음과 같다.

❶ 본래 감정을 인식한다.
❷ 본래의 감정을 인정하고 정확하게 표현한다.
❸ 타인 그리고/또는 자신을 용서한다.
❹ 위의 세 단계를 통해 나타나는 변화를 수용한다. 성장과 긍정적인 가능성이 있는 새로운 선택을 한다.

인식

먼저 진정으로 느끼고 있는 것을 의식적으로 파악하라. 쉬운 것처럼 보여도 만약 불편한 감정을 인정하지 않고 습관적으로 정서에서 벗어나려 한다면 어려울 수도 있다. 이러한 감정을 받아들이는 것은 조금 두려울 수도 있다. 충분히 그럴 수 있다. 아무도 스트레스와 고통을 느끼는 것을 원치 않는다. 그러나 이 프로그램에서와 같이 의식적이고 조절된 방법으로 감정을 다루게 되면 정서로 인해 어려움을 겪지 않게 될 것이다. 실직과 관련된 다양한 감정들이 쌓여 있고 그것들은 의식 수준 바로 아래쪽에 자리 잡고 있다는 것을 이해하라. 때로는 불안을 느끼는 경우도 있다. 그러나 감정을 인식하는 것이야말로 근심에서 벗어나는 첫 단계다.

잠시 시간을 갖고 여러분이 가지고 있는 여러 감정들을 파악하고, 일지에 자신 내부에서 파악할 수 있는 감정들을 적는다.

만약 감정을 인식하는 데 어려움이 있다면 부록 B로 가서 '연습 1: 감정 인식'을 실행하라. 지금 당장 그렇게 하라.

인정

이와 같은 감정을 종결시키기 위한 두 번째 단계는 그것을 인정하는 것이다. 자신이 느끼는 감정을 그대로 받아들여라. 이 단계는 보통 자신의 감정을 안전한 방법으로 표현하는 것을 포함한다. 이는 모듈 1의 대본에서 다룰 것이다. 여기서는 실직에 책임이 있는 누군가에게 감정을 표현하는 것을 상상하게 되며 그 사람에게서 만족스러운 반응을 얻게 될 것이다.

분노는 적절하게만 표현되면 점차 줄어든다. 그러나 인정하지 않거나 억압하게 되면 더욱 커지게 된다. 해고되었을 때를 생각하면 그 당시 내부에서 폭발한 감정이 더 강해질 수 있다. 심상은 본래의 정서를 그대로 유지한다. 이 프로그램에서 여러분은 만족스러웠던 순간의 심상을 재현하게 된다. 자신이 원했던 반응을 얻게 되면 고통스러운 정서의 근원을 치유할 수 있다. 따라서 심상을 조절하게 되면 정서를 조절할 수 있게 된다.

예를 들어, 당신에 비해 동료가 일을 잘 못하는 데도 당신을 해고했다고 생각해 보자. 이 프로그램의 정서해결 시나리오에서 당신은 상사에게 화를 내고 상사는 당신이 떠나 부서에 큰 공백이 생겼다고 사과하는 것을 상상할 수 있다.

오감을 사용해서 시나리오에 몰입할 때 여러분의 잠재의식은 그 상황이 외부 현실에서 일어나고 있는 것으로 믿고, 정서 치유를 위한 모든 과정을 지원할 것이다. 아마 곧 이러한 결과를 보게 될 것이다.

일지에 당신의 실직과 관련된 모든 사람들을 기록해 놓아라. 전 직장 상사, 회사 사장, 회사에 남아 있는 동료 또는 연류된 다른 사람들 모두가 포함될 수 있다.

용서

다음 단계는 용서다. 대부분의 사람들은 자신에게 어떤 형태로든 해를 입힌 사람을 용서하는 것이 올바른 일이라는 것을 알고 있다. "용서하고 잊어라."라는 옛 속담은 큰 의미가 있는 말이다. 용서하지 않고서는 완전히 잊을 수 없기 때문이다. 용서하는 사람이 용서받은 자보다 항상 더 많은 혜택을 본다는 것을 잘 깨닫지 못할 수도 있다.

스탠퍼드 대학의 교수로서 용서에 관한 흥미 있는 연구를 해 왔으며, 스탠퍼드 용서 프로젝트 연구를 진행하고 있는 프레드 러스킨 박사는 용서가 정서적으로나 신체적으로 우리에게 큰 혜택을 준다고 믿고 있다. 그의 연구는 용서를 배우게 되면 건강한 사람이 된다는 것을 보여 주고 있다.

러스킨 박사는 용서를 배우는 과정을 세 단계로 제시하고 있다(Dolbee, 2001). 첫 번째 단계는 재촉하거나 서두르지 않는 것이다. 상처받은 감정을 경험하기도 전에 용서를 하겠다고 서두르는 것은 솔직하고 진정으로 용서할 수 있는 능력을 키우는 것을 가로막게 된다.

따라서 정서 종결 대본에서 내가 당신에게 고통을 준 사람을 용서하라고 제안할 때 솔직하게 또 진정으로 그렇게 할 수 있을 때까지는 그렇게 하지 말라. 의미를 충분히 생각하지 않고 기계적으로 용서한다면 그것은 진정한 용서가 아니다.

누군가를 용서할 때 당신은 용서받는 자보다 더 많은 혜택을 보게 됩니다.

러스킨이 제안한 두 번째 단계는 용서가 당신을 공격한 사람이 아닌 당신 자신을 위한 것임을 인식하는 것이다. 즉, 용서는 당신의 삶을 치유하는 것이다. 상대방에 대한 원한을 갖고 있거나 부정적인 감정을 품고 있을 때, 당신은 바로 그 사람과 정서적으로 연결되어 있다. 용서는 그 연결고리에서 당신을 해방시키는 것이다.

세 번째 단계는 타인에게 받은 고통에 얽매이지 않는 것을 배우는 것이다. 인생에서 다른 아름다움과 긍정적인 면을 바라보라. 그렇다고 해서 당신이 진심으로 느끼는 정서적인 고통을 회피하거나 부인하라는 것은 절대 아니다. 고통스러운 감정을 털어 내기 위해서 그것을 처리하는 방법을 배우는 것이 목표다.

긍정적인 면을 적극적으로 찾다보면 처음에는 큰 상처를 주었던 상황이 그렇게 자주 일어나지 않는다는 것을 깨닫게 될 것이다. 또 비슷한 상황이 일어날 때 여러분은 다른 반응을 선택할 수 있다. 예를 들어, 다음에 누군가와 좋지 않은 입씨름을 했을 때 그렇게 상처받지 않을 수 있으며, 상처를 어떻게 처리하고 얼마나 빨리 털어 낼 수 있는지를 배우게 된다.

용서를 처벌과 혼돈하지 말라. 용서는 잘못되거나 불법적인 행동을 용서하는 것을 뜻하는 것이 아니다. 누군가를 용서한 후에도 필요하다면 처벌을 할 수 있다.

당신뿐 아니라 다른 사람도 용서할 필요가 있다. 내부로 향한 분노는 자아에 상처를 준다. 또한 자신감과 자존심을 손상시키며 구직 활동에 부정적인 영향을 줄 수 있다. 마이크가 나를 찾아왔을 때 그는 4개월 동안 실직 상태였다. 그는 하이테크놀로지 회사의 판매와 서비스 분야에서 일을 해 왔으며, 큰 텔레콤 회사에서도 12년간 일한 경험이 있었다. 이미 임원 MBA 학위도 가지고 있었으며, 다른 회사로 옮기려던 시기였다. 그러다 갑자기 다운사이징에 휘말려 해고를 당했다. 마이크는 다른 텔레콤 회사의 관리직으로 취직을 했으나 그 회사가 2년 후 다른 회사와 합병을 하게 되어서 마이크는 또다시 해고되었다. 마이크는 포춘지에서 내 경력전환 프로그램에 관한 기사를 보고 오려 두었으나 금방 잊어버렸다. 실직하고 몇 달이 지난 후 그 기사가 종이 더미 속에서 나타나자 마이크는 나에게 전화를 걸었다.

미래를 위해 새로운 선택을 하십시오.

마이크와 얘기를 나누었을 때, 그는 자신의 능력을 활용할 수 있는 좀 더 안정적인 직장을 찾고 있었다. 그는 구직 활동을 하면서 겪었던 비참함에 대해 언급하면서 자신이 완전히 발가벗겨진 심정이라고 얘기했다. 그런데 마이크는 전 직장의 고용주들에 대해서 욕하거나 분개하는 얘기를 하지 않았다. 오히려 그들이 해야 할 일을 했다고 말했다. "나는 그들을 욕하고 싶지 않다. 나 자신이 그렇게 되리라는 것을 깨달았어야 했다."라고 말하면서 준비를 제대로 못하고 미리 구직 활동을 하지 못한 자신을 원망했다. 또한 긴 이력서에 변화를 주지 않고 그냥 처박아 둔 자신을 비난했다.

마이크는 보통 사람들이 주변 상황에 대해 자신의 행동이나 반응을 비난하듯이 자신을 책망했다. 다른 사람을 비난하는 경우와 마찬가지로 이러한 상황에서도 자신에 대한 비난을 처리해야 한다.

이를 제대로 해내기 위해서는 모듈 1의 연습에서 그 대상을 타인이 아닌 바로 당신 자신으로 정하고 당신의 감정을 다른 사람에게 하듯이 자신에게 표현하라. 계속 그대로 진행하면서 자신에게서 만족스러운 반응을 얻고 준비가 될 때 자신을 용서하라. 자신을 용서하는 것은 자유롭고 홀가분하게 나아가는 데 중요하다.

이제 당신의 감정과 얘기하고 싶은 사람들의 목록을 살펴보라. 이 목록에 당신이 용서하고 싶은 사람을 추가하라. 이 순간에는 용서할 수 있을 것 같지 않은 사람도 상관없다. 필요하다면 당신 자신을 포함시켜도 좋다.

변화

네 번째 단계는 변화다. 자신의 감정을 인식하고 안전하게 표현하며 자신 또는 누군가를 용서했다면 이제 성장과 긍정적 기회를 위해 새로운 선택을 할 준비가 된 것이다.

이 단계는 앞의 세 단계 과정을 완수하면 자연적으로 일어나게 된다. 제한된 정서와 통찰력에서 벗어나 자신감을 갖고 새로운 관점에서 새로운 선택을 하게 된다. 따라서 이 시점에서 내린 선택과 결정은 고통 속에서 내린 것과는 크게 다르다.

다음 장에서는 당신의 삶에 대한 만족을 증진시킬 수 있는 '미래 자아 만나기' 라는 기법에 대해 배우게 된다. 그 다음에는 모듈 1을 시작할 것이다.

6

미래의 성공한 자아 만나기

큰 꿈을 가져라! 장애가 될 것은 아무것도 없다고 생각하고 무엇이 가능한지를 경험하기 전에 무엇이 옳은지를 결정하라.

– 브라이언 트레이시 –

미래의 자아를 향한 이동

성공한 미래의 자신을 마음속으로 그려 보는 것이 노력과 인내를 증진시키고 수행을 향상시킨다는 연구 결과가 있다. 이 간단한 과정은 삶의 만족 증진과도 연결되어 있다. 마음속으로 자신의 미래 자아를 만나게 되면 정신, 정서, 행동에서 긍정적인 결과가 발생한다.

다시 말하면, 자신의 하나 혹은 그 이상의 미래 자아를 마음속으로 상상해 봄으로써 그 방향으로 자신의 성장과 개발을 해 나갈 수 있다. 이 과정은 자신의 자아상에서 시작하여 미래에 될 가능성이 있는 것과 되고 싶은 것을 마음속에서 그리게 된다.

예를 들어, 당신이 과거에 중간관리자로 일했다고 가정하자. 일을 잘했고 높은 자긍심도 가졌으며 부사장이 되는 현실적인 경력 목표도 세웠다. 부사장이 되고 싶은 강한 욕망이 있기 때문에 그 역할을 하는 것을 상상함으로써 만족감과 성취감을 미리 느낄 수 있다. 이는 당신이 전체 과정을 알고 있지는 못한다 할지라도 실제로 부사장을 미래의 자아로 그려 보고 있는 것을 의미한다. 내가 말하려고 하는 점은 이 실습 과정을 활용해서 상당한 이득을 볼 수 있다는 것이다.

원하는 목표에 도달했다는 심상을 가지고 있을 때, 그 비전은 목표를 향해 정보를 더 잘 처리할 수 있게 해 준다. 당신은 상황을 더 잘 조절할 수 있음을 느끼게 되고 더 효과적인 계획을 만드는 것이 가능해진다. 그 결과 실제로 그 상황이 발생할 가능성이 높아진다. 특히, 최종 결과와 관련된 감정을 기대하고 경험할 수 있다면 더욱 그렇다. 성공한 미래 자아를 그려 보는 것이 수행 향상과 연결되는 경우는 자주 있는 일이다.

루볼로와 마커스(Ruvolo & Markus, 1992)는 심상과 수행 간의 관련성을 연구했는데, 자신을 미래의 성공한 사람으로 상상한 사람들은 실패자로 상상한 사람에 비해 수행이 더 높은 것을 발견했다.

그들의 첫 번째 연구에서는 구체적으로 유도된 심상 과제의 효과를 조사했다. 그들은 세 가지 비교 조건을 설계하고 105명의 학부 학생 참가자를 무선으로 할당했다. 조건 1에서는 열심히 일한 덕분에 미래에 성공하는 것을 상상하게 했고, 조건 2에서는 열심히 일했는데도 미래에 성공하지 못하는 것을 상상하게 했다. 그리고 조건 3에서는 그냥 기분이 좋은 상태(심상이 없는 통제집단)에 있게 했다.

그 결과 노력과 인내를 요구하는 추후 과제 수행에서 성공할 것을 상상한 집단이 가장 좋은 성과를 냈다.

그들의 또 다른 연구는 처음 연구를 다소 변형시킨 것이었는데, 두 연구에서 모두 미래에 성공할 것을 상상한 집단이 실패할 것을 상상한 집단보다 수행이 높게 나타났다.

요약하자면, 성공을 마음속에 그려 보는 것은 성공을 달성하기 위해 필요한 계획과 전략 개발을 촉진시킨다. 이 과정에서 실제로 그 상황이 일어나도록 만들기 위해 더 동기화되며 불안, 공포 및 자신감 부족과 관련된 것들을 극복할 수 있게 된다.

동일한 논리로 실패를 상상하는 것은 똑같은 역할을 한다. 이러한 이유 때문에 실패의 심상을 상상하는 것은 바람직하지 않다. 당신의 생각을 확실히 체크하고 마음속의 심상에 대한 책임을 져야 한다.

우리는 장차 어떤 사람이 될 수 있고 일생 동안에 그 목표를 성취할 수 있을지에 대해 많은 생각을 하게 된다. 경력 전환은 당신의 가장 큰 흥미와 자질이 어디에 있는지를 결정하는 데 도움을 주고, 원하는 방향이 무엇인지를 발전시켜 나가기 위해 이러한 생각을 탐색해 볼 수 있는 아주 좋은 기회다. 무엇을 원하는지 알게 됨으로써 구직 시 노력을 집중시킬 수 있으며 면접 시에도 좀 더 훌륭한 구직자의 모습을 보여 줄 수 있을 것이다. 요기 베라는 "만약 당신이 어디로 가고 있는지 모른다면 어딘가 엉뚱한 지점에 도달하게 된다."라고 말한 바 있다.

모듈 1 프로그램 대본에 있는 가장 행복하고 성공한 미래의 자아를 만나기 전에 간단한 연습을 해 보도록 하겠다. 부록 B의 연습 2에 있는 '미래의 가능성 파악' 인데, 이 연습은 당신의 미래가 어떤 모습일지 여러 다른 심상을 시도해 보기 위해 설계된 것이다. 아마 둘 또는 셋 정도의 미래 심상을 상상할 수 있을 것이다.

만약 이미 특정한 방향으로 충분히 몰입되어 있으면 이 연습을 생략해도 된다. 그러나 이 연습을 통해 자신에 대한 귀중한 정보를 얻을 수 있으리라 생각한다.

사라의 예

2장에서 소개했던 사라를 기억하는가? 그녀가 나를 찾아왔을 때는 실직된 지 7개월 정도가 지난 뒤였다. 그녀는 MIT 경험이 전혀 없었고 프로그램에 대해 다소 회의적이었다. 하이테크놀로지 회사에서 높은 연봉을 받고 있었으나 지금은 먹고 살기 위해 식당에서 종업원으로 일하고 있었다. 절망적이었고 무엇이든 하려고 했다.

여러분이 프로그램을 시작하기 전에 나는 모듈 1을 통한 사라의 치유 경험을 공유하고자 한다. 사라는 매 세션 후에 자신의 생각과 느낌을 기록했으며 내 책에 실어도 된다고 허락했다.

세션 1

이완하기 시작한 직후 나는 내 안전한 장소로 들어가면서 내가 느끼는 감정을 거의 잊을 수 있었다. 내 안전한 장소가 어디일지를 결정하는 데 시간이 좀 걸렸지만 한 곳을 발견했고 선택을 잘했다고 생각했다. 나는 해고당한 날로 돌아가 볼 수 있었으며 놀랄 정도로 당일에 일어났던 일들을 자세히 기억할 수 있었다. 내가 느꼈던 모든 것을 기억했고 잊으려고 했던 것들을 받아들일 수 있었다. 분노와 불신이 물밀듯이 밀려왔다. 상사가 솔직하지 못한 것에 대해 내가 얼마나 실망했는지와 나를 보호해 주지 못한 점, 또 내가 회사와 싸울 수 있도록 도와주지 못한 점 등에 대해 얘기했다. 또한 내가 상사의 행동이 나약했다고 생각한 것에 대해서도 얘기했다. 상사가 나에게 사과하도록 했고, 해고 후 나한테 연락 한 번 하지 않은 것에 대해 내가 얼마나 마음 상해했는지에 대해서도 얘기했다. 나는 내 미래의 자아를 마음속으로 그려 보는 것을 좋아한다. 그 모습은 인생에서 성공했고 자신에 대한 통제를 잘하고 효율적으로 일을 처리하며 호감을 주는 측면에서 내 과거의 자아와 많이 닮았다. 그러나 과거보다 더 침착하고 자신에 대해 더 잘 알고 있었으며 자신의 경력 이외에도 인생에서 즐길 수 있는 다른 것들을 가지고 있었다. 매우 행복하고 만족스러워 보였다.

다시 현실로 돌아왔을 때는 상당히 편안해진 나 자신을 발견할 수 있었다. 안전한 장소에 좀 더 머물러 있고 내 미래 자아와 좀 더 많은 시간을 보내고 싶었다. 미래 자아를 그려 보는 것은 많은 도움이 되었다. 좀 더 편안해지고 나 자신을 용서할 수 있었다. 나 자신을 다시 믿기 시작할 수 있었다는 점에서 의미가 컸다고 생각한다.

세션 2

이번에는 더 깊은 상상 속으로 빠지는 것을 느꼈다. 불행히도 처음보다 생각이 흐트러져서 좀 더 집중을 해야 했다. 그러나 내 상사의 행동과 내 선택에 대해 여러 가지 얘기할 내용을 생각할 수 있었다. 전보다 덜 분개한 상태에서 나 자신과 능력 및 재능에 더 많은 자신감을 느낀 채 시작할 수 있었다. 실직이 내 잘못이 아니며 그것을 막기 위해 내가 할 수 있는 것은 아무것도 없었다는 것을 깨닫기 시작했다. 내 강점에 집중할 필요가 있고 이미 지나간 것은 생각할 필요가 없다는 것을 알게 되었다. 이제 앞으로 나아가고 나 자신을 믿어야 할 때다. 이 시점에서 내 미래 자아를 그려 봤을 때 다른 생각들은 별로 떠오르지 않았다. 나는 월세를 어떻게 내고 내 경력이 얼마나 극단적으로 변했는지를 생각하는 대신, 이제 내 꿈을 이룰 수 있다는 것을 알았다. 내 목표를 이룰 수 있고 성공할 자격이 있다는 것을 진정으로 믿을 필요가 있다.

세션 3

이 세션은 나 자신에 대한 믿음을 더욱 굳건하게 해 주었다. 내 미래 자아가 바로 나라는 것을 다시 한 번 느꼈다. 나는 내 미래 자아가 될 수 있는 모든 스킬과 감정을 가지고 있고, 오직 필요한 것은 나 자신을 입증할 기회뿐이라는 것을 믿었다. 사실 나는 모든 일을 아주 훌륭하게 해냈기 때문에 높은 자신감이 있었으며 이제 이 자신감을 다시 얻을 필요가 있다는 것을 느꼈다. 나는 분명히 과거와 달라진 것이 없으며 진정으로 이 사실을 믿기 시작했다. 나는 내 꿈을 실현하기 위해 더 강해지고 더 열심히 할 수 있다고 느꼈다.

모듈 1의 실행

이제 여러분은 이 프로그램에서 첫 세 세션으로 구성되어 있는 모듈 1을 실행할 준비가 되었다. 이 모듈은 긴장이완과 정서 종결/미래 자아 만나기의 두 개의 대본으로 구성되어 있다. 먼저 세션을 실행할 때 도움이 되도록 각 대본에 대해 간단히 소개하고자 한다. 그 다음에는 전체 대본을 제시하겠다.

여러분의 심상 스킬과 세션의 영향력은 많이 해 볼수록 향상된다. MIT를 전에 경험해 본 적이 없다면 모듈 1을 시작하기 전에 간단한 연습을 해 볼 것을 권유한다. 이 보충 연습은 심상 스킬을 향상시키기 위해 설계된 것이며 부록 B에 제시되어 있다. 그 가운데 '연습 3: 심상 스킬 향상' 을 지금 해 보기 바란다.

MIT 경험은 3차원적이고 모든 오감을 사용하기 때문에 서로가 분리되기보다는 자신과 더욱 관련이 있는 것처럼 느껴지게 된다. 이 말은 처음에는 심상이 애매하고 불분명하며 자신이 직접 행동하는 것이 아니라 누군가를 보고 있는 것처럼 느껴지게 되지만, 오감과 감정을 사용하여 빠지게 되면 자신에게 실제로 일어나고 있는 것처럼 느껴진다는 의미다. 두 가지 상태를 다 경험하고 싶을 때가 있을 것이다. 예를 들어, 첫 세션인 정서 종결에서는 분리된 경험에서 시작해 다시 연합된 경험으로 이동할 수 있다. 처음에 안전한 장소에 있는 유리창을 통해 제3자의 입장에서 자신을 본 다음(분리된 경험), 유리를 통과해 들어가서 그 장소로 간 후 자신에게 일어나고 있는 것처럼 행동하는 것(연합된 경험)을 상상할 수 있다.

모듈 1 대본 소개

전체 프로그램의 반 정도에 해당하는 모듈 1은 두 가지 중요한 경험을 포함한다. 앞에서도 말했지만 모든 세션은 기본 긴장이완 대본부터 시작한다.

정서 종결

모듈 1은 깊고 천천히 숨을 쉬고 근육을 이완하며 안전한 장소로 가는 것에서 시작한다. 그곳에서 큰 일방향 유리창을 보게 된다. 유리창을 통해 전 직장에 있는 자신을 볼 수 있다. 뭔가 이상하다고 느꼈던 시점일 수도 있고 해고되었다는 통보를 들은 시점일 수도 있다. 아무 때고 상관없다. 천천히 그 장면 속으로 들어간다. 그곳에서 보복에 대한 두려움 없이 당신의 생각과 감정을 안전하게 표현할 수 있다. 만족스러운 반응을 얻을 수도 있고, 준비가 될 때 자신 또는 다른 사람을 용서할 기회를 가질 수도 있다.

세션을 진행할 때 대본의 일부를 상황에 맞게 조정할 수도 있다. 예를 들어, 전 직장의 상사에게 얘기하라고 할 때 전 직장 사장, 동료 또는 자신 등으로 다양하게 조정할 수 있다.

미래 자아 만나기

다음에는 인생에서 상상할 수 있는 가장 이상적이고 현명하며 사랑스러운 자아를 만나서 얘기하게 된다. 운동하면서 만난 사람일 수도 있고, 아니면 전혀 상상해 보지도 못한 사람일 수도 있다. 상상력을 동원해서 생각할 수 있는 한계를 넓혀라. 미래의 자아에게 선물을 받을 수도 있다. 물건이나 상징, 단어, 생각과 같이 무형이거나 유형일 수 있다.

교대 프로그램

실직충격 회복 프로그램은 나의 실직 연구에서 사용된 것과 동일한 구조로 되어 있다. 이 구조는 성공이 입증된 것이라서 변경할 필요가 없다.

처음에 이 연구를 시작했을 때 프로그램이 간단하면서 빠르고 쉽게 실행할 수 있어야 한다고 생각했다. 그렇지 않으면 실직자들이 시도하려고 하지 않을 것이며 연구 참가자를 모집하기도 힘들었을 것이다. 그래서 한 세션을 여러 개 만드는 것보다 적은 수의 세션으로 프로그램의 목표를 달성하기 위해 대본을 합쳐서 두 개의 모듈을 만들었다. 예를 들어, 정서 종결과 미래 자아 만나기는 분리되지 않고 모듈 1의 한 세션에서 경험하게 된다. 다음에는 참가자들에게 두 모듈 중 하나를 세 번 반복해서 실행하라고 가르쳤다. 나의 경험과 교육을 통해 판단할 때 프로그램의 성공을 위해서는 그 정도 반복해야 한다고 생각한다.

그러나 여러분은 연구 참가자가 아니기 때문에 프로그램을 끝마치는 데 좀 더 많은 시간을 소비할 수 있다. 개발된 두 가지 교대 프로그램 중에 여러분이 원하는 대안을 선택하기 바란다. 이 경우 프로그램을 끝마치는 데 6세션이 아닌 12세션을 실행해야 한다.

여러분의 선택을 돕기 위해 보충 설명을 하겠다. 본래의 구조를 대안 A라 하고 교대 구조를 대안 B라고 한다.

① 대안 A

- 전체 프로그램을 6일 동안에 끝마칠 수 있다.
- 연구 결과 성공적인 것으로 나타났다.
- 모듈 1에서 정서 종결 세션을 통해 불편한 감정들을 표현한 후 바로 미래의 자아를 만나 큰 힘을 낼 수 있다.
- 모듈 2에서 구직 면접을 연습한 후 바로 멘토를 만나 이야기를 나눔으로써 추후 면접 능력을 향상시킬 수 있는 피드백과 통찰력을 얻을 수 있다.

② 대안 B

- 세션이 좀 더 짧다. 한 번에 20분 정도의 시간을 내기가 어려운 경우 효과적이다.
- 대본을 녹음하지 않는다면 대본이 짧은 세션이 기억하거나 실행하기에 간편해서 좋다.

대안 B의 경우 첫 번째 세션은 기본 긴장이완 기법과 정서 종결 대본으로 시작하며, 두 번째 세션은 기본 긴장이완 기법과 미래 자아 대본으로 시작한다. 세션 3과 4 그리고 세션 5와 6은 세션 1과 2를 반복하는 것이다. 반복은 항상 성공에 중요하다. 이완 및 각 연습 대본은 부록 A에 제시되어 있다.

대안 B의 세션은 다음과 같이 구성되어 있다.

- 세션 1, 3, 5
  - 기본 긴장이완과 안전한 장소
  - 정서 종결

- 세션 2, 4, 6
  - 기본 긴장이완과 안전한 장소
  - 미래 자아 만나기

- 세션 7, 9, 11
  - 기본 긴장이완과 안전한 장소
  - 구직 면접 연습

- 세션 8, 10, 12
  - 기본 긴장이완과 안전한 장소
  - 멘토 만나기

요약하자면, 성공이 입증된 프로그램을 선호하고 빨리 끝마치는 것이 중요하다면 다음에 나오는 모듈 1의 대본을 사용해서 시작하는 대안 A를 선택하라. 그리고 세션당 한 가지 경험에만 집중하기 원하고 프로그램을 끝마치는 데 6일을 더 투자할 용의가 있다면 대안 B(각 연습의 대본은 부록 A에 제시되어 있음)를 선택하라.

모듈 1 대본: 긴장이완, 정서 종결, 미래 자아 만나기

먼저 편안한 곳을 찾으십시오. 눈을 천천히 감으십시오. 숨 쉬는 데 신경을 쓰십시오. 자, 이제 숨을 깊이 들이마셨다가 크게 내뱉습니다. 이 과정에서 가슴이 아닌 배로 숨을 쉬도록 하고 배가 나왔다가 들어가도록 해 주십시오. 다시 또 긴장을 푼 상태에서 천천히 숨을 들이마십시오. 이제 다시 숨을 내뱉으면서 몸의 긴장도 함께 몰아내십시오. 다시 들이마시고 내뱉고… 이제 점점 긴장이 풀리면서 평온해짐을 느낄 수 있습니다.… 언짢았던 생각들이 모두 사라져 버리는 것을 상상하십시오. 잠시 동안 당신의 마음은 정지되어 있으며 차분하고 느긋해짐을 느낍니다.… 자, 계속 숨을 깊게 들이마시고 다시 내뱉습니다.

평온한 상태에서 잠시 동안 이 순간을 즐기십시오. 처음에 근육을 이완시킬 때 어색함을 느끼실 겁니다. 하나부터 열까지 세는 동안 점점 이완이 되도록 하십시오.… 점점 이완함에 따라 모든 불안이 다 사라져 버리는 것을 상상하십시오.… 하나, 둘, 셋, 넷, 다섯, 여섯, 일곱, 여덟, 아홉, 열… 아주 좋습니다. 이러한 느낌이 몸 전체로 퍼져 나가도록 하십시오.… 이제 당신은 따뜻한 느낌을 가지게 될 겁니다. 긴장이완이 충분이 되었다는 신호입니다.

이제 당신의 다리로 주의를 돌리세요.… 다리와 발가락의 모든 근육이 천천히 이완되는 것을 느껴 보십시오.… 이 근육들이 풀리고 따뜻해지면서 이완이 종아리 전체로 퍼져 나가도록 하십시오.… 이제 무릎에 느껴지는 긴장을 풀 차례입니다.… 다음은 넓적다리 근육이 이완되는 것을 느끼십시오. 모든 긴장을 밖으로 떨어내십시오.… 이와 같은 긴장이 풀리고 평온한 마음은 당신이 자신에게 주는 선물입니다.

다음은 엉덩이와 배입니다.… 모든 근육을 이완시키십시오.… 긴장이 몸에서 빠져 나가도록 다 털어 내십시오.… 이제는 등으로 가서 긴장을 풀고 목과 어깨로 가십시오.… 숨을 깊게 쉬면서 계속해서 긴장을 푸십시오.

다음은 팔, 팔뚝, 손으로 갑니다.… 모든 걱정과 책임을 다 떨어 버리십시오. 다시 나중에 생각하면 됩니다.… 손가락도 긴장을 푸십시오.… 턱, 얼굴, 눈, 머리로 가면서 역시 모든 근육을 이완시키고 편안함을 느껴 보십시오.

이제는 몸 전체를 다시 한 번 훑어 보면서 남아 있는 긴장이 있는지 살펴보기 바랍니다.… 조금이라도 남아 있다면 다 털어 내십시오.… 다시 한 번 마음의 평온함을 즐기십시오.

마음이 차분하고 평온해지도록 더 깊게 이완하십시오.… 당신은 모든 생각과 걱정을 다 털어 낼 수 있습니다. 깊고 평온한 상태에만 집중하십시오.

자, 더 깊게 들어갑니다.… 당신은 혼자 있으며 평화를 느낄 수 있는 안전한 장소에 있음을 상상하십시오.… 안전한 장소를 만들 수 있고, 언제라도 원하는 대로 바꿀 수 있습니다.… 그곳은 해변가에 잔잔한 파도가 이는 자연 속의 한적한 장소일 수도 있고 새들의 편안한 노랫소리를 들을 수 있는 숲일 수도 있습니다. 또는 들꽃 사이로 잔잔한 바람이 속삭이는 산 속의 초원일 수도 있습니다. 당신이 편안하고 안전함을 느낄 수 있는 곳이라면 어디든지 상관없습니다.

이제 안전한 장소를 둘러보십시오.… 모양과 색깔을 살펴보십시오. 점점 분명해질 겁니다.… 대략 시간이 몇 시나 되는지 살펴보십시오. 아침인지, 아니면 해가 질 무렵인지… 자연의 속삼임에 귀 기울이십시오.… 향기로운 공기를 맛보고, 발 밑의 땅을 느껴 보고 손가락을 물에 넣고 휘저어 보십시오.

당신이 원하는 대로 바꿔 보십시오. 이곳은 당신의 장소입니다.… 아무도 당신의 초대 없이는 이곳에 올 수 없습니다.… 당신 자신의 통제하에 있는 곳입니다.… 편안함을 느낍니다.… 숨을 깊이 쉬면서 모든 걱정되는 생각들을 다 털어 내십시오.

당신의 심상 모퉁이로부터 당신의 주의를 끄는 것이 있습니다. 당신의 안전한 장소 어디엔가 큰 유리창이 있습니다.… 호기심에 그쪽으로 가 보니 한쪽에서만 볼 수 있는 유리창이 있습니다.… 당신은 유리창을 통해 다른 쪽을 볼 수 있지만 다른 쪽에서는 절대 당신을 볼 수 없습니다. 유리창을 통해 살펴보니 어떤 장면이 보이기 시작합니다.… 바로 전 직장에서 일하던 당신의 모습이 보입니다.… 당신이 해고라는 말을 들을 때의 장면을 선택하십시오.

이제 천천히 유리창을 통해 보이는 당신을 느껴 보십시오. 오래전 또는 어제 일어난 일인 것처럼 느껴질 수도 있습니다. 주변을 살펴보고… 들리는 소리에 귀 기울여 보십시오. 사람들이 말하거나 컴퓨터를 하고 있거나 다른 장비를 작동시키는 소리일 수 있습니다. 마음속에서 손을 뻗어 보이는 것을 만져 보십시오. 손가락으로 책상 위를 슬쩍 만져 보십시오.… 그 당시에 무엇을 느꼈습니까? 대부분의 사람들은 해고당할 때 처음에는 크게 놀라고 다음에는 분노와 슬픔, 불안, 공포, 죄의식, 심지어는 자괴감을 느낍니다. 당신의 반응은 어땠나요? 어떤 행동을 취했나요? 아무것도 하지 않았나요? 아니면 화내고 분개했나요?

만약에 화를 냈다면 다른 사람한테 낸 것인가요? 아니면 자신의 미래를 책임지지 못한 당신 자신한테 낸 것인가요?

이제 보복에 대한 두려움을 느끼지 말고 당신의 생각과 감정을 드러내어 표현하고 싶은 사람을 초대하십시오.… 누구든 좋습니다. 당신이 선택하십시오. 그들이 당신과 같이 있음을 느껴 보십시오. 초대했으면 먼저 당신 방식대로 인사하십시오. 그들의 표현과 옷을 살펴보십시오.… 다음은 당신이 과거에 그 사람에 대해 느꼈던 기억을 되살려 보십시오.… 지금은 또 어떻게 느끼고 있는지 살펴보십시오. 당신이 얘기하고, 또 하고 싶은 것을 마음대로 하십시오. 그러나 누군가에게 해를 주겠다는 생각은 하지 마십시오. 다른 사람에게 해를 주지 않겠다는 것을 상징적으로 보여 주기 위해 당신과 당신이 초대한 사람 주위에 보호벽을 치십시오.

당신 마음속에 있는 말을 하십시오.… 하고 싶은 말을 참지 말고 그대로 전달하십시오.… 당신의 감정을 있는 그대로 표현하십시오.… 만약 화가 나거나 배신당했다고 생각하면 사실 그대로 말하십시오. 혼재된 감정(친구들을 못 만나서 슬프다거나 새로운 기회를 기대한다거나)이 있다면 역시 그대로 말씀하십시오.… 당신 자신이 갖고 있는 감정에 대해 놀랄 수도 있습니다. 당신이 어떻게 느끼건 문제가 되지 않습니다. 그냥 하고 싶은 대로 말하고 행동하십시오.… 마음 깊은 곳에 있는 것들을 다 털어 내어 버리십시오.… 시간은 충분합니다. 당신이 원하는 만큼 시간을 쓰십시오. 당신이 마음속에 쌓아 두었던 것을 털어 냄으로써 편안함을 느낄 것입니다.… 아마 홀가분한 느낌을 가질 겁니다.

자, 이제 당신이 상대방에게 충분히 말을 했으면 상대방도 당신에게 답하기를 원합니까? 당신 스스로가 이 대본을 쓰고 있다는 점을 기억하십시오.… 상대방이 말하는 데 귀 기울여 보십시오.… 충분한 시간을 가지십시오.… 어떤 기분입니까? 그냥 느끼는 그대로 받아들이십시오. 원한다면 당신이 보복하겠다고 느끼는 것이 공정하다고 주장하십시오. 전적으로 당신의 선택에 달려 있습니다.… 당신 마음대로 하십시오. 당신이 원하는 대로 할 수 있으며 아무에게도 해를 주지 않고 있습니다.… 상대방은 어떤 형태로든 저항하거나 보복하려 들지 않습니다. 필요한 만큼 충분한 시간을 가지십시오. 상대방은 사과할 수도 있습니다. 그렇다면 사과를 받아들이십시오. 가능하다면 당신이 충분한 준비가 될 때 용서해 주십시오.

이제 당신의 안전한 장소를 생각해 보십시오.… 당신은 그 장소에 있습니다.… 시각을 더 크게 가져 보십시오. 당신이 미처 깨닫지 못했던 분노가 있었다는 것을 발견할 수도 있습니다. 놀랍게도 상대방을 용서하고 어깨에서 짐을 벗어 버릴 수도 있습니다.… 당신 자신에 대해 더 알게 되고, 현재 최선을 다하고 있으며, 새로 일하고 성장할 수 있는 기회가 무한하다는 것을 알고 있습니다. 하나를 놓치면 또 다른 기회가 올 것입니다. 당신은 도전이 인생의 한 부분이며 성공적으로 이를 극복해 나갈 능력이 있음을 알고 있습니다.

당신의 심상 모퉁이에서 누군가가 어둠 속에 서 있습니다. 호기심에 가까이 다가섭니다. 놀랍게도 그 사람은 다소 다른 부분이 있지만 당신과 많이 닮았습니다. 그 사람이 바로 미래 특정 시점에서의 당신 모습입니다. 지금으로부터 10년일 수도 있고 20년 혹은 30년 후의 모습일 수도 있습니다. 미래의 자아는 바로 당신이 되고 싶은 화신입니다. 즉, 인생을 통해 될 수 있는 가장 현명하고 가장 사랑스럽고 가장 행복하며 가장 성공적인 사람입니다.

미래의 당신을 당신만의 안전한 장소에 초대하십시오.… 천천히 움직이면서 당신에게 다가설 때 모습을 자세히 보십시오.… 이미지가 분명히 보일 수도 있고 그렇지 않을 수도 있지만 상관없습니다.… 단지 미래의 당신을 느끼고 그 존재를 확인하십시오. 당신과 연결되어 있음을 느껴 보십시오. 서로 편한 방법으로 인사하십시오. 만지거나 껴안을 수도 있습니다.

이제 미래의 당신 눈을 살펴보십시오. 그리고 당신을 정말로 잘 아는 사람에게서 나오는 따뜻함과 애정을 느껴 보십시오. 그 현명하고 사랑스러운 눈으로 당신의 현재 삶을 살펴보십시오.… 당신의 능력으로 진정 무엇을 할 수 있는지 생각해 볼 수도 있습니다.… 잠시 시간을 가지십시오. 당신이 느끼는 감정과 심상을 그대로 받아들이십시오. 이제 미래의 당신과 얘기해도 되고 뭐라고 하는지 주의 깊게 들어 보아도 됩니다.… 당신이 겪는 정신적인 고통을 치유하기 위한 방법을 물어볼 수도 있습니다. 시간을 충분히 가지십시오.

당신은 현재의 어려움을 극복하고 더 강해지고 더 현명해질 것입니다. 과거의 실패나 실망했던 것에 대해 자신과 다른 사람들 모두를 용서하십시오.… 이제 당신이 바라던 직장에 취업이 된 것을 상상해 보십시오.… 구직 활동을 성공적으로 끝낸 기쁨을 느껴 보십시오. 당신이 사랑하는 사람과 기쁨을 같이 나누십시오.… 이 순간을 즐기십시오.

미래의 당신이 당신에게 선물을 주기 위해 손을 내밀어 부드럽게 당신의 팔을 잡는 것을 느껴 보십시오.… 그 선물은 물건일 수도 있고, 단어나 생각일 수도 있습니다. 그냥 큰 부담 없이 받으십시오. 무엇인지 잘 몰라도 괜찮습니다.… 현재로서는 그 안에 사랑이 담겨져 있다는 것을 아는 것만으로도 충분합니다.

이제 곧 당신은 여정을 시작했던 방으로 돌아오게 됩니다. 하나, 둘,

셋을 세면 현실로 돌아옵니다. 하나… 돌아오기 시작합니다. 둘… 주변을 살펴보고 움직여 보십시오. 셋… 준비가 되면 눈을 뜨고 현실로 돌아오십시오. 천천히 깊은 숨을 쉬고 필요하면 스트레칭을 하고 현 상황을 즐기십시오.

모듈 1을 끝내고

모듈 1의 세 세션을 끝낸 후(만약 대안 B 구조를 선택했다면 여섯 세션), 이 시점에서 스트레스 질문지를 다시 작성한다. 당신의 점수를 프로그램 시작 전 점수와 비교해 보라. 전에 여러분을 괴롭혔던 직무 관련 문제에서 종결을 느껴야 하며 스트레스 수준도 의미 있게 감소해야 한다. 종결은 이 시점에서 한 번에 모든 것이 다 해결되는 것이 아니라는 점을 이해한다. 전체적으로 무언가 해결되었다는 생각이 들 것이다. 그러나 스트레스는 얼마 동안 가끔씩 나타날 수도 있다. 모듈 2를 통해 더욱 향상된 모습을 기대하라.

만약 프로그램을 진행하는 동안 심상 스킬이 얼마나 개발되었는지를 알아보고 싶다면 스트레스 질문지에 답한 후 영향 평가 질문지에도 응답하기 바란다. 첫 번째 세션이 끝난 후, 중간 시점에 한 번 그리고 다 끝난 후에 자신을 평가하라. 그리고 점수를 계속 기록하라. 평가하기를 원하는 세션은 얼마든지 해도 괜찮다. 이를 위해 질문지를 복사해 놓는다.

나는 다섯 문항에서 점수가 같이 올라가는 것을 발견했다. 예를 들어, 좀 더 깊이 이완되면 집중이 좋아지고 세션 대본에 더욱 집중하게 된다. 또한 이러한 경험은 큰 의미를 갖게 된다.

만약 세션을 하루 쉬게 되면 점수가 전보다 내려갈 수 있는데 걱정하지 말라. 프로그램 전체에 걸친 추세를 알아보는 것이 중요함을 기억하라.

스트레스 수준 측정 질문지

아래 문항은 여러분이 실직에 대해 어떻게 느끼고 있는지를 알아보기 위한 것입니다. 10점 척도를 사용해서 여러분의 현재 감정과 마음을 가장 잘 나타내 주는 번호를 각 문항 왼쪽 공란에 적어 주십시오.

1	2	3	4	5	6	7	8	9	10
전적으로 동의하지 않음									전적으로 동의함

___ • 내가 무엇을 하고 있는지 집중하기 힘들다.
___ • 불안하다.
___ • 좌절을 느낀다.
___ • 고통스러운 감정을 억누른다.
___ • 실직에 관해 가끔 생각이 난다.
___ • 실직에 관한 내 감정을 무시하려고 애쓴다.
___ • 우울하다.

__ • 뭔가 해 보겠다는 동기를 유지하기가 힘들다.

__ • 화가 나고(나거나) 분개한다.

__ • 실직에 관한 생각 때문에 잠을 이루기가 힘들다.

__ • 두려움을 느낀다.

__ • 실직과 관련된 조그만 일에도 다시 스트레스를 느낀다.

__ • 실직에 관한 악몽을 꾼다.

다음의 마지막 문항에 대해서도 10점 척도를 사용해서 답하십시오. 그러나 이번 경우에 1점은 '전적으로 동의하지 않는다.' 이고, 10점은 '전적으로 동의한다.' 입니다. 실직에 관련된 여러분의 현재 믿음을 가장 잘 나타내는 번호를 적어 주십시오.

__ • 직무와 관련된 문제를 변화시키기 위해 내가 할 수 있는 것은 거의 없다.

__ • 위의 14개 문항을 다 더한 총점을 이곳에 적어 주십시오.

이 점수는 현재 여러분의 실직에 대한 스트레스 수준을 보여 주며 비교 목적만을 위해 사용됩니다.

영향 평가

아래 문항은 프로그램 세션의 경험에 관한 내용입니다. 7점 척도(1: 전혀 동의하지 않는다, 7: 전적으로 동의한다)를 이용해 각 문항의 왼쪽에 적합한 번호를 기입하십시오.

1	2	3	4	5	6	7
전혀 동의하지 않음						전적으로 동의함

__ • 전체적으로 정서를 크게 느꼈다.
__ • 전체적으로 심상이 생생했고 구체적이었다.
__ • 아주 깊게 집중했고 몰입했다.
__ • 크게 이완되는 것을 경험했다.
__ • 나에게 큰 의미가 있었다.

__ • 총점

이 총점은 단지 비교 목적으로만 사용됩니다. 프로그램이 진행되는 동안 점수가 올라가는 것이 좋습니다. 점수가 올라갈수록 프로그램의 긍정적 영향이 커짐을 의미합니다.

5장에서 마이크가 그랬던 것처럼 프로그램에서 권장한 대로 모듈 1을 세 번 이상 반복할 수도 있다. 마이크는 여러 해 동안 전 직장과 풀어야 할 문제를 해결하지 못했기 때문에 과거에 대한 정서를 종결시키기 위해 여섯 번이나 모듈 1을 실행했다.

모듈 1을 진행하는 동안 계속해서 스트레스와 우울을 느끼고 문제가 해결되지 않는다고 생각하면 전문가 상담을 받아보는 것도 고려해 본다.

프로그램 도중에 당신의 실직에 관련된 모든 사람들을 진정으로 용서하는 순간에 도달했는가? 만약 그렇지 않다면 다음 질문에 답하라.

- MIT 프로그램에 정서적으로 몰입하기가 어려웠는가?
- 전체적으로 자신과 심상이 연합되지 않고 분리되는 것을 느꼈는가?

이 질문 중에 하나라도 "예."라고 답했다면 '연습 3: 심상 스킬 향상' 을 실습해 보고 다시 모듈 1을 진행하라. 그래도 프로그램에 정서적으로 몰입이 안 된다면 왜 저항하는지를 자신에게 물어보고 가능한 한 솔직하게 답한다.

이제 모듈 1을 끝마쳤고 모듈 2로 넘어갈 차례다.

3부

원하는 직업 갖기: 모듈 2

7

성공 연습

무엇보다도 준비가 성공의 비결이다.

- 헨리 포드 -

자신감과 역량 향상

2장에서 배웠듯이 마음속으로 연습하는 것은 점점 인기가 있으며 다양한 상황에서 사용할 수 있다. 그 이유는 바로 효과가 있기 때문이다. 많은 가수와 배우들이 무대에서의 두려움을 극복하기 위해 이 기법을 사용하며, 아마추어 및 프로 스포츠 선수들도 경기에 대비해 마음속으로 심상 연습에 크게 의존하고 있다. 2장에서 잭 니클라우스의 예를 들었는데, 이제 여러분이 구직 면접과 다른 구직 활동을 준비할 때 이 기법을 사용하도록 더 많은 증거 자료를 제시하겠다.

스포츠 경기 컨설턴트이자 『정신세계』(1999)의 저자인 케네스 바움은 선수들이 마음속으로 그려 보는 것의 효과에 대해 회의적인 경우가 자주 있다고 지적하면서, "그러나 일단 마음과 신체의 연결에 관한 많은 연구 결과를 알게 되면 더 이상 망설이지 않고 믿게 된다."라고 얘기하고 있다.

코치이자 체조 챔피언이었던 테리 오릭 박사는 『최고를 찾아서』(1990)라는 책에서 국가 양궁선수들이 국제 경기를 준비하기 위해 심상기법을 어떻게 사용했는지를 다음과 같이 기술하고 있다.

> 전 여자 세계 챔피언이 심상을 통해 어떻게 연습장에서 세계선수권이 열리는 곳으로 옮겨 갈 수 있었는지에 대해 설명했다. 그녀는 자신 앞에 있는 과녁만을 보는 대신 양궁장의 전체 모습을 볼 수 있었다. 자신의 경쟁자들에 대해서도 충분히 인지할 수 있었다. 오른쪽에는 폴란드 선수가 있었고, 왼쪽에는 독일 선수가 있었다. 그들을 다 볼 수 있었으며 소리도 다 듣고 그들을 느낄 수 있었다. 실제 경기인 것처럼 동일한 순서로 화살을 쐈다. 심상 속에서 세계선수권 대회를 만들고, 마치 실제 경기하는 것처럼 화살을 쏨으로써 경기에 대한 준비를 할 수 있었다(p. 75).

TV 프로그램 '생존자'에 참여한 바 있고 가이드이기도 한 23세의 켈리 위글스워스 양은 "나는 마음속으로 그리는 것을 많이 해요. 만약 내가 어떤 것을 굉장히 원한다면 아무리 힘들어도 마음속으로 그것을 얻는 것을 그려 보곤 하죠. 그래서 생존자 게임에서 다섯 번이나 이길 수 있었어요."

마음속으로의 연습은 개인의 자신감과 자기 이미지를 향상시킬 뿐 아니라 스트레스를 주는 상황에 대한 통제 지각도 증대시킬 수 있다. 사람은 자신감이 있고 자신이 조절할 수 있다고 느낄 때 좀 더 명확함과 통찰력을 갖고 문제에 접근할 수 있으며, 이를 통해 불안정한 정서를 성공적으로 관리할 수 있게 된다.

이 프로그램에서 여러분은 마음속으로 구직 면접을 연습하게 될 것이다. 나는 경쟁이 심한 스포츠를 비교 대상으로 삼았는데, 그 이유는 성공적인 스포츠 성과와 성공적인 면접 성과 모두 동일한 중요 요소를 필요로 하기 때문이다. 예를 들면, 둘 다 지속적인 집중을 요하는 경쟁적인 활동이다. 분명한 전략을 가지고 있어야 하며, 동시에 변화 상황에 빨리 생각하고 적응할 수 있어야 한다.

성공적인 면접 수행을 마음속에 그려 봄으로써 여러분은 면접 상황에서의 경쟁과 나타날 수 있는 어려움을 미리 준비할 수 있을 것이다. 물론 면접은 실제 상황과 비슷하게 해야 한다. 그 결과 여러분이 실제 면접을 하게 될 때는 세련되고 자신감 있는 모습을 보여 줄 수 있을 것이다.

> 여러분이 자신감 있고 조절할 수 있을 때 예상하지 못했던 상황을 효과적으로 처리할 수 있습니다.

심상을 많이 사용하는 또 다른 경우는 신체와 마음에 미치는 해로운 영향을 최소화하기 위해 고통스럽거나 불안한 수술 절차를 마음속으로 연습하는 것이다. 그러한 시련에 직면할 때는 용기, 체력 그리고 모르는 것에 맞서는 능력이 필요하다. 마음속으로의 준비를 통해 주의와 에너지를 집중할 수 있고 효과적으로 고통과 불안을 감소시킬 수 있다.

예를 들어, 심한 화상을 입은 경우는 생명을 건질 수는 있어도 치료 과정이 매우 고통스럽고 스트레스를 주는 것으로 알려져 있다. 치료를 위해서는 상처의 표면을 제거하는 과정을 거쳐야 하는데, 이 과정은 매일 핀셋과 가위로 상처에서 죽은 피부껍질을 제거하는 것으로 병원 치료 중에서도 가장 고통스럽고 두려운 과정의 하나로 인식되고 있다. 환자들은 이 방법을 살아 있는 사람의 가죽을 벗기는 것과 같은 느낌이 든다고 말하고 있다. 보통 환자들은 수술을 받는 곳까지 걸어갔다 다시 와야 하기 때문에 진통제를 투여하지 않고 있다. 운동이 치료에 매우 중요하기 때문이다.

149명의 심한 화상을 입은 성인을 대상으로 한 연구에서 애처버그, 케너 및 로리스(1988)는 불안과 고통을 줄이는 세 가지 방법과 어떤 치료도 하지 않는 통제집단을 비교했다. 세 가지 방법은 긴장이완, 긴장이완과 심상 그리고 긴장이완 심상 및 바이오피드백(바이오피드백의 주 목적은 맥박 또는 혈압과 같은 신체 기능을 조절하는 것이었음)의 조건이었다. 각 참가자는 일상적인 치료 이외에 이러한 세 조건과 관련해 여섯 세션에 참여했다.

심상과 긴장이완을 같이 실시한 집단은 다른 집단에 비해 근육 긴장이 줄어들고 진통제와 진정제가 덜 투여된 것으로 나타났다. 연구자들은 고통이 심한 상태에서 신체 기능을 조절하는 것보다 스트레스 상황에 대처하기 위한 정신적인 기법이 중요하다는 결론을 내렸다.

마음속으로의 연습이 스트레스 상황에서 고통과 불안을 경감시키는 데 도움을 줄 수 있다면 구직 면접에서도 차분하고 집중을 유지하는 데 도움을 줄 수 있을 것이다.

나는 다양한 상황에 준비하기 위해 이 기법을 사용한다. 예를 들어, 최근에 나는 여성 기업인 모임에서 발표를 하게 되었다. 발표가 결정된 후, 나는 이 기법을 사용해 연습했다. 처음에 소개받는 순간부터 미소를 머금은 채 연단으로 올라가서 감동적인 연설을 하고, 이해가 빠른 청중과 하나가 되며, 마지막으로 일어나서 박수치는 청중에게 정중히 인사하는 것까지 전체 과정을 상세하게 상상했다.

발표를 위해 컨추리 클럽에 도착했을 때 저녁 모임 장소가 잔디 밖의 테니스 코트 옆으로 옮겨져 있었다. 등록한 사람이 예상보다 훨씬 많아 모든 사람이 안으로 들어올 수 없었기 때문이었다. 저녁이 끝나고 내가 소개되었을 때, 어둠이 빠르게 몰려오고 있었고 테니스 코트에 조명이 켜졌다. 테니스 코트는 내가 발표하는 장소 바로 뒤에 있어서, 청중은 조명이 밝게 켜진 테니스 코트를 바라봐야 했다. 그 조명 때문에 나뿐만 아니라 청중도 눈이 부셔서 집중하기 어려웠다.

나는 준비를 충분히 했기 때문에 계획했던 대로 발표를 마쳤으며 중간 중간에 재미난 유머도 얘기할 수 있었다. 그 상황에서 청중과 나는 강한 유대감을 맺기가 어려웠지만 나는 계속 진행해 나갔다. 만약 내가 평정심과 긍정적 태도를 유지하지 못했다면 발표는 엉망이 되었을 것이다. 내가 상상했던 기립 박수는 받지 못했지만 어려운 상황에서도 잘 해냈다.

나는 외부 상황을 통제할 수는 없어도 나 자신을 조절할 수는 있다. 발표를 위해 마음속으로 연습하는 훈련을 최선을 다해 열심히 했지만 내가 상상했던 대로 일어나지 않았다. 그러나 나는 기반을 튼튼히 했기 때문에 예상하지 못했던 상황에 대해서도 효율적으로 처리할 수 있는 자신감을 가지고 있었다. 달리 말해, 나는 강한 자기효능감을 가지고 있었다.

자기효능감은 자신이 정한 목표나 과제를 성공적으로 수행하기 위해 필요한 행동을 해 나갈 수 있는 능력을 가지고 있다는 판단이다. 이는 하나의 스킬이라기보다는 자신이 갖고 있는 스킬을 통해 무언가를 할 수 있다는 판단에 관련된 것이다.

자기효능감이 낮으면 해로운 사건에 대처할 만한 능력이 없다는 생각이 두려움을 가져올 수 있기 때문에 공포가 수반되는 경우가 자주 있다. 실직과 같이 잠재적으로 해를 가져올 수 있는 사건에 효율적으로 대처해 나갈 수 있다고 믿는다면 그것을 두려워할 이유가 없다. 따라서 자신의 능력에 대한 믿음을 증대시키는 삶의 경험이나 마음속으로 하는 연습은 두려움을 감소시킬 수 있다.

예를 들어, 긍정적인 감정을 느끼면서 마음속에서 도전적인 과제를 성공적으로 수행하고 있다면 이러한 정서를 실제 상황에서 다시 경험하겠다는 결심과 함께 자기효능감은 향상된다. 불안과 공포 또한 감소되는 경우가 자주 있다(Smith, 1990).

『누가 내 치즈를 옮겼을까?』(1998)의 저자인 스펜서 존슨 박사는 네 마리의 작은 등장인물이 치즈를 찾아 미로에서 헤매는 상황을 토대로 변화에 대해 얘기를 한다. 여기서 치즈는 우리가 일상생활에서 원하는 직장, 돈, 관계 등 어떤 것이라도 해당된다. 등장인물 중 하나는 치즈를 찾아 헤매면서 몇 가지 중요한 교훈을 얻게 되는데, 그중 하나는 "치즈를 발견하기 전이라도 그것을 갖고 즐기는 것을 상상하면 그것을 찾게 될 수도 있어."(p. 58)라는 것이다.

마음속으로의 연습 대본에서 여러분은 자신이 원하는 직위에 도달하고 즐기는 것을 구체적으로 그리게 될 것이다. 그렇게 하는 자신을 더 분명하게 상상할수록 그것을 실현하고 믿게 될 가능성은 높아진다.

MIT 실직 연구에 참여한 사람들은 면접 연습 부분을 정말 좋아했다. 여기에 그들이 얘기한 내용을 잠시 소개하겠다.

"향후 면접에 대한 준비가 잘된 것 같은 느낌이야. 이전의 단점이 많이 향상된 것 같아."

"정말 좋았어. 이제 면접을 잘 해낼 수 있다는 자신감이 들어."

"마지막 세션(세션 6)이라 생각하고 완전히 집중해서 정서, 차분함과 심상을 경험해 보고 싶었어. 정말 세션이 즐거웠고 감동적이었어."

"이완이 잘된 것 같아. 면접하는 동안 이완하는 데 도움이 되었어. 나 자신을 그려 볼 수 있었고 면접 중 심상이 더 뚜렷해지는 것 같았어."

"자신감을 느꼈어. 몇 가지 다시 수정하거나 생각해 볼 부분이 있었지만 면접을 잘한 것 같아."

"프로그램 내용이 좋은 것 같아. 시간에 구애받지 않고 내가 마음속에서 만든 면접 영화를 혼자서 틀었다, 정지시켰다 마음대로 작동해 보고 싶어."

"아주 좋았어. 성공적인 면접을 그려 보는 데 많은 도움이 되었어."

"이완이 잘되었어. 세션 4와 5에서 면접 심상을 계속 그려 보는 것이 어려웠지만 세션 6에서는 바로 컨설팅 회사 면접을 앞두고 있었기 때문에 집중을 잘할 수 있었어."

8장에서 나는 여러분의 경력과 삶에 새로운 통찰력을 얻고 자신감을 훨씬 증대시킬 수 있는 방법을 소개할 것이다. 그리고 마음속으로 구직 면접을 연습하는 모듈 2 대본이 제공될 것이다. 대본을 보고 모듈 2를 실행하면 된다.

8

멘토 만나기

만약 외부의 어떤 것에 의해 스트레스를 받으면 그 고통은 그것 자체로 인한 것이 아니라 그에 대한 생각 때문이다. 당신은 언제라도 취소할 수 있는 힘을 가지고 있다.

-마르쿠스 아우렐리우스-

내부 지혜 접하기

이제 여러분은 이 프로그램의 마지막 순서인 내부 멘토를 만날 준비가 되었다. 멘토는 일종의 협력자이고, 개인적인 컨설턴트일 수도 있으며, 부분적으로는 치어리더일 수도 있다. 멘토는 여러분이 자신의 성장과 개발에 대한 책임을 지도록 도울 수 있으며 경력 전환과 같은 큰 변화를 헤쳐 나가는 데 도움을 줄 수 있다. 멘토는 또한 여러분의 자신감과 동기를 높이는 데도 도움을 줄 수 있다.

이 내부 멘토는 여러분의 특별한 욕구를 충족시켜 줄 수 있다. 예를 들면, 어떤 사람은 긍정적인 피드백을 많이 원하고, 어떤 사람은 도전을 원한다. 또 어떤 사람은 누군가가 자신의 책임을 대신 져 주기를 원하며, 어떤 사람은 자신의 얘기를 들어주기 원한다.

그렇다면 이 내부 멘토는 정말로 누구일까? 이 개념은 동·서양 할 것 없이 수천 년의 역사를 가지고 있다. 잠재의식, 내부 지혜, 내부 가이드, 수호천사, 정신 가이드 등과 같이 많은 이름으로 불리고 있다. 나는 '내부 멘토' 라고 부르고 싶다. 여러분이 어떻게 부르든 간에 진심으로 진실을 추구한다면 내부 멘토에 접근할 수 있다.

재구성을 통한 새로운 통찰력 개발

내부 멘토는 여러분의 인생에서 경험한 다양한 사건과 상황을 재구성하고 재평가하는 데 도움을 줄 수 있다. 재구성은 다른 관점(대부분 전에 생각하지 못했던 보다 긍정적인 관점)에서 상황을 재정의하거나 재평가하는 것을 의미한다. 3장에서 발을 다친 내 얘기를 한 바 있다. 만약 내가 그 상황을 비극적인 것으로 생각했다면 아마도 자기 연민에 빠져서 '나는 다시 이 일을 해낼 수 없을 거야. 내 상사가 나를 해고하고 말거야.' 라고 최악의 상황을 생각했을지도 모른다. 이것은 부정적인 구성이다. 그러나 나는 이런 부정적인 생각에 빠지지 않고 주어진 상황에서 최선을 다하기로 결심했다. 그 결과 깁스를 한 것이 오히려 새로운 고객과 라포를 형성하는 데 도움을 주는 계기가 되었다.

재구성은 새로운 통찰력뿐 아니라 긍정적인 태도를 가져오기도 한다. 실직이 여러분 자신뿐 아니라 세계관에도 부정적인 영향을 미칠 수 있기 때문에 이는 중요하다. MIT 프로그램을 해 나가면서 대본에 있는 내용을 활용할 기회를 갖게 되는데, 이를 통해 실직을 좀 더 긍정적으로 재구성하고 자신과 상황에 대한 통찰력을 얻는 데 도움을 얻게 될 것이다. 낙관적인 관점을 개발해 나가면 자신감과 동기가 향상된다.

1장에서 소개한 회계사 리처드는 실직한 것은 자신의 잘못이기 때문에 그럴 만하다고 잘못 생각하고 있었다. 그는 '아무도 나를 고용하지 않으면 어떻게 하지?' '나는 모든 것을 잃을 수 있어.' 와 같은 부정적인 생각만 했다. 이와 같이 상황을 부정적으로 평가함으로써 그는 불안해지고 우울해진 것이다.

앞서 1장에서 언급했듯이 재평가는 주변 상황이 왜 그리고 얼마나 스트레스를 주는지를 재평가하는 것을 의미한다. 실직에 대한 처음의 평가를 재검토하는 것은 중요하다. 부정적인 평가가 스트레스의 근본 원인인 경우가 많기 때문이다. 스트레스 감정의 근본 원인을 이해하는 것이 그 원인을 해결하는 첫 번째 단계다.

리처드가 자신의 상황을 재평가했을 때 가장 큰 스트레스는 재정적으로 망할지 모른다는 두려움에서 온다는 것을 깨달았다. 또한 상황을 도전적인 것으로 재구성하는 방법을 배웠고, 강한 경영 스킬이나 경험과 같이 경력전환 과정에서 자신에게 도움이 되는 귀중한 자원을 이미 갖고 있다는 것을 깨닫기 시작했다. 또한 그 자원 중에는 미처 생각지 못했던 부인의 수입도 있다는 것을 깨달았다.

더불어 전부터 하고 싶었던 재정 자문 일을 심각하게 고려하기 시작했다. 가족은 실직의 충격에서 회복된 후 그의 꿈을 지원했다. 그로 인해 리처드는 새로운 목표와 전략을 정하는 데서 자유로움을 느꼈으며 자신의 과거를 돌아보고 자신이 정말로 어떤 사람이 되고 싶은지를 반추해 볼 수 있었다. 즉, 리처드는 상황을 좀 더 긍정적으로 재구성하고 자원을 재평가했다. 그 결과 우울증도 많이 좋아졌다.

> 실직을 도전으로 재구성하는 것은 새로운 기회를 불러일으킬 수 있습니다.

재구성은 새로운 정보를 받을 때도 가능하다. 예를 들어, 관심이 가는 직장에서 구직 면접을 막 끝내고 집으로 돌아왔다고 가정해 보자. 담당해야 할 업무도 자신의 경험과 잘 맞고 월급도 좋으며 도전과 승진 기회도 충분했다. 그러나 바로 위에 있는 상사가 맘에 들지 않았기 때문에 그만 포기하려는 생각을 했다. 그러나 나중에 테니스 클럽에서 상사를 다시 만나게 되었고, 이를 통해 서로 공통 흥미가 있음을 알게 되었다. 상사가 그렇게 나쁘지 않을지도 모른다고 생각했다. 그러자 그 직장이 더 매력적으로 보이기 시작했다. 이 새로운 정보를 토대로 당신은 상황을 재구성한 것이다.

이제 여러분은 상황을 재구성하고 재평가함으로써 가질 수 있는 혜택을 인식했다. 아마 지금 시점에서 실직으로 인해 처음에 경험했던 모든 구성과 평가를 검토해 보기를 원할 수 있다. 이 부분을 바로 멘토가 도와줄 수 있다.

여러분의 상상력은 실제 삶을 효과적으로 대치할 수 있다. 만약 여러분이 이 내용을 믿는다면 멘토는 여러분의 긍정적인 성장을 위해 귀중한 자원과 힘을 제공할 수 있다.

그러나 멘토를 만나기 전에 먼저 구직 면접 연습을 하게 된다. 멘토는 면접에 대한 피드백뿐 아니라 향상을 위한 제안을 여러분에게 줄 수 있다. 그러나 시작하기 전 모듈 2에서 어떤 경험을 하게 되는지를 알아보기 위해 사라의 예를 다시 들어 보겠다.

사라의 예

다음은 사라가 세션 4, 5, 6을 경험한 후 기술한 내용이다.

세션 4

모듈 1이 많은 도움이 되어서 나는 면접을 마음속으로 그려 보는 것이 매우 즐거웠으며 전과 같이 방어적이거나 자신감이 결여되지 않은 상태에서 진행할 수 있었다. 나는 긍정적인 태도를 가졌고, 해고 및 아직 구직 활동을 하고 있는 것에 대한 거추장스러운 사과나 변명을 하지 않고도 얘기할 수 있었다. 내가 해고당한 것이 내 잘못은 아닐지라도 아직도 누군가에게 그 사실을 설명해야 하는 것처럼 행동한다고 생각했다. 그러나 이제 더 이상 그렇게 느끼지 않는다. 나는 회사가 나를 채용한 것이 회사에 다행이었다고 생각한다. 회사에 있을 때 나는 일에 집중했고 분명하고 자신감 있게 일에 대한 얘기를 할 수 있었다.

멘토는 자신감을 강화시키는 데 도움을 주었다. 나는 세션이 끝난 후 실생활에서도 따뜻한 격려와 내 재능과 역량에 대한 코멘트가 필요할 때면 이 멘토를 언제든지 상상할 것이다.

세션 5

세션 5는 구직 면접 동안 내 경력의 긍정적인 측면에 집중하려는 내 의도를 강화시킬 수 있었기 때문에 좋았다. 이를 통해 해고로 인한 분노의 감정과 자존심의 상실에서 벗어날 수 있었다. 나는 친절하고 긍정적이며 효과적인 구직 면접을 그려 봤다. 나를 칭찬하고 과거 업적을 일깨워 준 멘토의 역할은 큰 도움이 되었다. 나는 전보다 더 밝고 더 긍정적이며 새로운 가능성을 고려하게 되었다. 그리고 내일 드디어 구직 면접이 있다!

세션 6

마지막 세션은 정말로 유익했다. 나는 요가 수업 후에 세션을 가져서 이완하는 데 많은 도움이 되었다. 나는 나 자신을 새롭게 찾는다는 생각을 마음속으로 하기 시작했다. 그것은 단순한 하나의 생각이라기보다는 구체적인 행동 계획이 되었다. 내 머릿속에 아직도 자리 잡고 있는 자기 파괴적이고 부정적인 목소리를 없앨 필요가 있다는 것을 깨달았다. 내가 이 문제를 이해하고 극복하기 위해서는 그 목소리의 근원을 찾아내는 데 노력해야 한다. 그러나 나는 그것이 내 생애에 어떤 영향을 미쳐 왔는지를 깨달았다는 점에서 진전이 있었다고 생각한다. 아직도 내 미래와 다른 것들(재정 상태 등)에 대해 걱정을 하고 있지만 내가 성취할 수 있는 것에 대해 좀 더 자유롭고 긍정적으로 느끼고 있다. 나는 부정적인 감정을 빨리 전환시킬 수 있으며 언제라도 나를 억누를 수 있는 절망감도 떨쳐 버릴 수 있다. 좋지 않았던 시절도 있었지만 나 자신에 대한 감정과 정서에 대한 통제력을 얻을 수 있다면 그 문제는 오래 지속되지 않으리라 믿는다. 나는 다시 슈퍼여성이 된 것같이 느낄 필요가 있으며 점점 그런 모습에 다가서고 있다고 생각한다.

이러한 기록에서 알 수 있듯이 사라는 세션 진행 과정에서 상당한 진전을 보여 주었다. 7개월 동안이나 실직 상태였고 정서적으로 지치고 우울했는데도 마지막 세션 후 30일이 지나지 않아서 그녀는 자신이 사랑하는 일터로 복귀했으며, 긍정적으로 생각하고 놀랄 정도로 강해졌다. 그녀의 경험은 정서적으로 건강해지는 데 크게 기여했다. 그녀가 할 수 있다면 여러분도 할 수 있다.

모듈 2 실행

이제 실직충격 회복 프로그램의 마지막 세 세션인 모듈 2를 실행할 준비가 되었다. 이 모듈은 기본 긴장이완 기법, 마음속으로 구직 면접 연습하기, 멘토 만나기의 세 개의 시나리오로 구성되어 있다. 세션의 효과를 증대시키기 위해서 여러분께 각 세션에 대해 간단히 소개하고자 한다. 전체 대본은 소개 내용 뒤에 바로 나온다.

모듈 1과 같이 나는 여러분의 세션 경험을 충실히 하고 증진시키기 위하여 대본을 미리 녹음할 것을 권한다. 물론 녹음하지 않고 대본을 조용히 읽어 나가도 된다. 그러나 대본을 읽으면서 세션에 완전히 몰입하는 것은 쉽지 않으리라 생각한다.

한 가지 기억해야 할 중요한 사항은 모듈 1에서와 같이 한 세션이 끝나면 적어도 하루를 쉰 후 다음 세션을 진행해야 한다는 것이다.

또 전체 과정으로 진행하지 않고 세션별로 자신이 원하는 시나리오만을 따로 하고 싶다면, 부록 A에 제시되어 있는 각 시나리오의 대본을 보고 먼저 긴장이완을 한 후 해당 시나리오를 세 번 실행하기 바란다. 즉, 멘토를 만나는 데 특히 관심이 있다면 그 대본을 먼저 실행해도 된다. 특정 세션을 시작하기 전에는 반드시 기본 긴장이완 기법 대본을 먼저 하는 것을 잊지 말기 바란다.

모듈 2 대본 소개

이 프로그램의 후반부인 모듈 2는 이미 얘기했듯이 기본 긴장이완 기법 이외에 두 개의 주요 세션으로 구성되어 있다. 각 세션에 대해 간단히 소개하겠다. 다시 한 번 강조하지만 각 세션은 항상 기본 긴장이완부터 시작한다는 점을 잊지 말라.

마음속으로 구직 면접 연습하기

모듈 2를 시작하기 위해 먼저 이완하고 안전한 장소를 찾는다. 다시 말하지만 일방향 유리창이 있고 이 유리창을 통해 자신의 모습을 볼 수 있다. 이번에는 구직 면접을 하는 광경을 보게 될 것이다. 만약 실제 면접을 앞두고 있다면 그 모습을 상상하라. 그렇지 않은 경우에는 앞으로 갖게 될 구직 면접을 생각하라. 만족할 때까지 마음속으로 면접 과정을 여러 번 되풀이할 수 있다. 모듈 1에서도 언급했지만 이 과정은 마치 비디오테이프를 보는 것과 비슷하다. 재생시키고, 멈추고, 감고, 다시 재생시키는 것들을 마음대로 할 수 있다.

이와 같은 연습은 약 5분 정도밖에 걸리지 않다. 그 후에는 처음부터 끝까지 멈추지 않고 통제와 만족을 느끼면서 전체 과정을 시도해 본다. 여러분은 5분이 어떤 영향을 주기에는 짧은 시간이라고 생각할 수도 있다. 그러나 내 연구에서 참가자들에게 5분이 주어졌으며 그 시간이 프로그램에서 가장 중요한 부분의 하나였다고 얘기했다. 그렇지만 원한다면 충분한 시간을 보내라. 목표는 자신감과 준비가 되었다는 것을 느끼도록 하는 것이다.

연습 시 분리된 관점과 연합된 관점을 다 사용하라. 분리는 안전한 장소에 있으면서 유리창을 통해 면접 과정을 지켜볼 때 일어난다. 연합은 면접 연습을 해 봄으로써 일어난다.

면접을 시작할 때(관찰하고, 비판하고, 편집하고, 재생하는 것) 분리된 상태에서 진행하는 것은 쉽다. 그러나 언제라도 자신이 그 장면 속으로 직접 들어갈 시기가 되면 그렇게 하라. 이것이 바로 연합 상태다. 원한다면 다시 장면을 편집하기 위해 언제라도 다시 분리된 상태로 돌아갈 수 있다. 멈추지 않고 전 과정을 실행할 준비가 되었다면 시작하고 좋은 성과를 거둘 수 있도록 열심히 하기 바란다.

여기서는 면접 준비에 초점을 두고 얘기를 했지만 실제로 이 프로그램은 좀 더 광범위하게 사용될 수 있다. 예를 들어, 네트워크를 넓히는 것과 같은 구직 활동을 위해서도 MIT 세션을 활용할 수 있다.

멘토 만나기

면접을 끝내고 나면 여러분의 멘토가 안전한 장소 밖에서 들어오기 위해 기다리고 있을 것이다. 모듈 1의 '미래 자아 만나기' 에서처럼 이 인물을 만들려고 노력할 필요는 없다. 그냥 편한 상태에서 편안하게 멘토를 상상하라. 이 인물은 평소에 여러분이 존경하는 사람일 수 있으며, 죽은 사람이거나 살아 있는 사람일 수도 있다. 누가 멘토였으면 좋겠는지 스스로 선택할 수 있다. 무의식적으로 이 사람이면 가장 나를 도울 수 있겠다고 생각하는 사람을 선택하라.

하지만 분명히 해야 될 것은 멘토가 여러분을 알아야 하고 지지해 주어야 하며 사랑해야 한다는 점이다. 멘토에게 인사를 하고 편히 앉을 곳을 찾아 준다. 그 다음 현재 나아가고 있는 방향과 도전할 내용에 대해 상의하고 면접이나 다른 구직 활동에 대한 분석도 요구할 수 있다.

상상 속의 안전한 장소에서 서로 어떤 얘기를 나눌 것인가? 어떤 사람은 실제 친구처럼 얘기할 수도 있다. 다른 사람은 멘토가 어떤 얘기를 해야 한다고 강한 믿음을 가질 수도 있다. 한 가지 바람직한 방법은 그냥 여러분을 지지하는 멘토와 같이 앉아 있을 때 마음속에서 생각나는 것을 그대로 얘기하는 것이다. 나중에 그 생각이 얼마나 타당한지는 검토할 수 있을 것이다. 한 번 그렇게 해 보라.

처음에 서로 얘기가 잘 이루어지지 않는다고 해서 스트레스를 받지 말라. 여러분의 모든 감각(촉각, 청각, 후각, 시각 등)을 멘토에게 개방하라. 연습을 하다 보면 무슨 말인지 좀 더 분명해질 것이다. 따라서 각 모듈을 여러 번 경험할 필요가 있다. 또한 모듈 1의 '미래 자아 만나기' 에서처럼 반드시 분명한 멘토 모습을 그릴 필요는 없다. 대신 멘토의 가르침이 무엇인지만 분명하면 된다. 멘토의 모습은 보이지 않고 메시지만 있어도 도움이 될 수 있다. 다시 말하지만 실습을 하면 분명 도움이 된다.

모듈 2 세션을 끝내면서 여러분이 받은 정보와 충고에 대해 간략히 기록한다. 또한 멘토에게 받은 조언을 따르기 전에 자신에게 다음과 같은 세 가지 질문을 해 본다.

1 그 충고를 따르는 것이 내게 가장 도움이 되는 것일까?

만약 전 직장 상사에게 전화를 걸어 마음속에 생각하는 것을 얘기하라는 조언을 받았다고 가정하자. 이 경우 주의해야 할 필요가 있다. 왜냐하면 그 내용은 아직도 여러분의 마음속에 남아 있는 전 직장 상사에 대한 분노나 분개에서 나왔을 수 있기 때문이다. 앞으로 취업할 회사에서 여러분의 전 상사한테 전화를 걸어 여러분이 어떤 사람이었는지를 물어볼 수도 있다는 것을 기억하라. 따라서 그 충고는 그렇게 도움이 되지 않을 수도 있다.

2 그 조언이 내 최고 목표 및 신조와 맞는 것일까?

여러분의 최고 목표와 신조가 사람들에게 마음속에 있는 생각을 얘기하는 것인가? 그렇지 않다면 이 질문에 대한 답은 "아니요." 다.

3 그 조언이 다른 사람에게 해를 주지는 않을까?

글쎄, 위에서 얘기한 것처럼 옛날 상사에게 전화를 걸어 말하는 것은 해가 될 수도 있다.

이런 경우에는 그 멘토를 떠나게 하고 대신 다른 현명한 멘토를 부르는 것이 좋을 듯하다. 여러분은 상황을 통제할 수 있다는 것을 항상 기억하라.

모듈 2의 대본이 다음에 제시된다. 적어도 3일 동안 이 대본을 세 번 실행하라. 어떻게 하는지 잘 기억나지 않는다면 3장으로 돌아가 내용을 다시 한 번 읽어 보기 바란다.

모듈 2 대본: 긴장이완, 마음속으로 구직 면접 연습하기, 멘토 만나기

먼저 편안한 곳을 찾으십시오.… 눈을 천천히 감으십시오. 숨 쉬는 데 신경을 쓰십시오. 자, 이제 숨을 깊이 들이마셨다가 크게 내뱉습니다. 이 과정에서 가슴이 아닌 배로 숨을 쉬도록 배가 나왔다가 들어가도록 해 주십시오. 다시 또 긴장을 푼 상태에서 천천히 숨을 들이마십시오. 이제 다시 숨을 내뱉으면서 몸의 긴장도 함께 몰아내십시오. 다시 들이마시고 내뱉고… 이제 점점 긴장이 풀리면서 평온해짐을 느낄 수 있습니다.… 언짢았던 생각들이 모두 사라져 버리는 것을 상상하십시오. 잠시 동안 당신의 마음은 정지되어 있으며 차분하고 느긋해짐을 느낍니다.… 자, 계속 숨을 깊게 들이마시고 다시 내뱉습니다.

평온한 상태에서 잠시 동안 이 순간을 즐기십시오. 처음에 근육을 이완시킬 때 어색함을 느낄 겁니다. 하나에서 열까지 세는 동안 점점 이완이 되도록 하십시오.… 점점 이완됨에 따라 모든 불안이 다 사라져 버리는 것을 상상하십시오.… 하나, 둘, 셋, 넷, 다섯, 여섯, 일곱, 여덟, 아홉, 열… 아주 좋습니다. 이러한 느낌이 몸 전체로 퍼져 나가도록 하십시오.… 이제 당신은 따뜻한 느낌을 가지게 될 것입니다. 긴장이완이 충분이 되었다는 신호입니다.

이제 당신의 다리로 주의를 돌리십시오.… 다리와 발가락의 모든 근육이 천천히 이완되는 것을 느껴 보십시오.… 이 근육들이 풀리고 따뜻해지면서 이완이 종아리 전체로 퍼져 나가도록 하십시오.… 이제 무릎에 느껴지는 긴장을 풀 차례입니다.… 다음은 넓적다리 근육이 이완되는 것을 느끼십시오. 모든 긴장을 밖으로 털어 내십시오.… 이와 같은 긴장이 풀리고 평온한 마음은 당신이 자신에게 주는 선물입니다.

다음은 엉덩이와 배입니다.… 모든 근육을 이완시키십시오.… 긴장이 몸에서 빠져 나가도록 다 털어 내십시오.… 이제는 등으로 가서 긴장을 풀고 목과 어깨로 가십시오.… 숨을 깊게 쉬면서 계속해서 긴장을 푸십시오.

다음은 팔, 팔뚝, 손으로 갑니다.… 모든 걱정과 책임을 다 떨어 버리십시오. 다시 나중에 생각하면 됩니다.… 손가락도 긴장을 푸십시오.… 턱, 얼굴, 눈, 머리로 가면서 역시 모든 근육을 이완시키고 편안함을 느껴 보십시오.

이제는 몸 전체를 다시 한 번 훑어 보면서 남아 있는 긴장이 있는지 살펴보기 바랍니다.… 조금이라도 남아 있다면 다 털어 내십시오.… 다시 한 번 마음의 평온함을 즐기십시오.

마음이 차분하고 평온해지도록 더 깊게 이완하십시오.… 당신은 모든 생각과 걱정을 다 털어 낼 수 있습니다. 깊고 평온한 상태에만 집중하십시오.

이제 더 깊게 들어갑니다.… 당신은 혼자 있고 평화를 느낄 수 있는 안전한 장소에 있다고 상상하십시오.… 안전한 장소를 만들 수 있고, 언제라도 원하는 대로 바꿀 수 있습니다.… 그곳은 해변가에 잔잔한 파도가 이는 자연 속의 한적한 장소일 수도 있고 새들의 편안한 노랫소리를 들을 수 있는 숲일 수도 있습니다. 또는 들꽃 사이로 잔잔한 바람이 속삭이는 산 속의 초원일 수도 있습니다. 당신이 편안하고 안전함을 느낄 수 있는 곳이라면 어디든지 상관없습니다.

이제 안전한 장소를 둘러보십시오.… 모양과 색깔을 살펴보십시오. 점점 분명해질 겁니다.… 대략 시간이 몇 시나 되었는지 살펴보십시오. 아침인지, 아니면 해가 질 무렵인지… 자연의 속삭임에 귀 기울이십시오.… 향기로운 공기를 맛보고, 발 밑의 땅을 느껴 보고 손가락을 물에 넣고 휘저어 보십시오.

당신이 원하는 대로 바꿔 보십시오. 이곳은 당신의 장소입니다.… 누구도 당신의 초대 없이는 이곳에 올 수 없습니다.… 당신 자신의 통제하에 있는 곳입니다.… 편안함을 느낍니다.… 숨을 깊이 쉬면서 모든 걱정되는 생각들을 다 털어 내십시오.

다시 한 번 큰 일방향 거울 쪽으로 이동하십시오. 그 앞에 안락한 의자에 편안하게 앉으십시오.… 바로 앞에 리모컨이 놓여 있습니다. 곧 유리를 통해 당신이 구직 면접을 하거나 구직 활동을 하는 모습을 볼 수 있습니다.… 창을 통해 보거나 듣는 모든 것을 리모컨을 통해 멈추고 수정하고 다시 재생할 수 있다는 점을 기억하기 바랍니다. 이 과정을 통해 당신이 점차 자신감을 갖고 면접을 하거나 구직 활동을 하는 것을 보게 되며, 마침내는 전 과정을 멈추지 않고 훌륭하게 해내는 모습을 보게 될 것입니다.

자, 이제 시작하십시오. 면접 또는 구직 활동을 하는 동안의 당신 모습을 살펴보십시오.… 면접 장소, 방안 온도를 살펴보고 면접자의 질문 내용과 당신의 답변을 들어보십시오. 얼마든지 당신 마음에 들 때까지 장면을 수정할 수 있습니다. 차분하고 자신감에 찬 당신 모습을 볼 수 있습니다. 면접자가 당신에게 호의적으로 대하는 모습에 주의를 기울이십시오.… 아마 당신이 실제 현장에서 역할을 하는 것처럼 느끼게 될 것입니다. 언제라도 잠시 멈추고 수정하고 다시 시작하기 위해 현장에서 잠시 빠져나올 수 있다는 것을 기억하십시오.

계속해서 5분 동안 진행하십시오.… 중간에 다소 집중이 안 되면 언제라도 다시 집중해서 진행할 수 있습니다. 당신 자신이 전 과정을 통제할 수 있습니다.… 자, 이제 멈추지 않고 전 과정을 재생시켜 보십시오.… 당신이 훌륭하게 해내는 모습을 지켜보십시오.… 충분한 시간을 가지시고 성공적인 결말을 지켜보십시오.

결과에 상관없이 당신은 최선을 다했다는 것을 기억하십시오.… 당신은 어떤 도전에 직면해서도 극복해 낼 수 있으며 더 현명해지고 더 강해질 것입니다. 목표를 달성하기 위해 필요한 어떤 것이라도 해낼 수 있습니다. 당신이 원하는 직장을 얻을 때를 상상해 보십시오.… 그 기분을 상세히 느껴 보십시오.… 목표를 성공적으로 달성한 느낌이 어떻습니까? 그 기분을 느껴 보십시오. 그 만족과 성취감을… 천천히 즐기고 마음에 새기십시오.

대본: 멘토 만나기

당신의 심상 모퉁이에서 당신의 주의를 끄는 것이 있습니다. 천천히 주변을 살펴보니 당신의 안전한 장소 끝 부분 어둠 속에 누군가가 서 있습니다.··· 바로 당신의 멘토입니다. 가까이 다가설수록 당신을 잘 알고 있는 듯한 멘토의 몸과 눈에서 발산되는 불빛을 보게 될 것입니다.··· 아마 당신이 아는 사람일 수도 있습니다.··· 과거에 멘토나 코치였을 수도 있고, 부모님 또는 존경하는 친구일 수도 있습니다. 아니면 잘 모르는 사람일 수도 있습니다.··· 어쨌든 그 사람의 친절한 눈매와 몸짓에서 친숙하고 평온한 느낌을 가질 것입니다.

멘토를 당신의 안전한 장소로 초대하십시오.··· 잠시 얘기할 편안한 장소를 찾아보십시오. 당신이 현재 직면한 도전과 기회에 관해 상담하거나 논의할 수 있습니다. 아니면 당신이 실습을 했던 면접에 대한 평가를 받을 수도 있습니다. 멘토가 충고를 하고 그것이 올바르다고 느끼면 감사하게 수용하십시오. 당신이 판단할 문제입니다. 당신의 가슴을 열고 그의 사랑과 이해를 느껴 보십시오.··· 멘토는 당신에게 직접 말을 하거나 생각, 심상, 상징 또는 독특한 방법을 통해 전달할 수 있습니다. 당신이 괜찮다면 그냥 그대로 받아들이십시오.

멘토와의 교감을 통해 당신 자신이 크게 성장하고 발달해 나간다는 새로운 관점에서 당신의 인생 여정의 아름다움을 느껴 보십시오. 좀 더 큰 계획, 새로운 방향, 새로운 기회를 보게 될 것입니다. 당신의 운명은 결국 당신이 선택하는 것입니다. 이제 멘토와 헤어질 시간입니다. 멘토는 떠나지만 당신이 원하면 언제라도 다시 만날 수 있습니다.

이제 곧 당신은 여정을 시작했던 방으로 돌아오게 됩니다. 하나, 둘, 셋을 세면 현실로 돌아옵니다. 하나··· 돌아오기 시작합니다. 둘··· 주변을 살펴보고 움직여 보십시오. 셋··· 준비가 되면 눈을 뜨고 현실로 돌아오십시오. 천천히 깊은 숨을 쉬고 필요하면 스트레칭을 하고 현 상황을 즐기십시오.

모듈 2를 끝내고

모듈 2를 세 번 끝냈으면 다음의 질문지를 사용해 MIT 경험을 평가하라.

영향 평가

아래 문항은 프로그램 세션의 경험에 관한 내용입니다. 7점 척도(1: 전혀 동의하지 않는다, 7: 전적으로 동의한다)를 이용해 각 문항의 왼쪽에 적합한 번호를 기입하시오.

1	2	3	4	5	6	7
전혀 동의하지 않음						전적으로 동의함

___ • 전체적으로 정서를 크게 느꼈다.

___ • 전체적으로 심상이 생생했고 구체적이었다.

___ • 아주 깊게 집중했고 몰입했다.

___ • 크게 이완되는 것을 경험했다.

___ • 나에게 큰 의미가 있었다.

___ • 총점

총점은 단지 비교 목적으로만 사용됩니다. 프로그램이 진행되는 동안 점수가 올라가는 것이 좋습니다. 점수가 올라갈수록 프로그램의 긍정적 영향이 커짐을 의미합니다.

여기서 총점은 비교 목적으로만 사용된다. 이 총점과 각 문항 점수를 모듈 1을 끝마친 후 응답한 점수와 비교해 보라. 점수가 어떻게 변했는가? 이제 좀 더 집중을 잘할 수 있는가? 프로그램 시작 시와 비교해 심상이 좀 더 분명한가? 더 깊은 이완을 느끼는가? 만약 그렇다면 여러분의 심상 스킬이 향상된 것으로 볼 수 있다.

다음의 스트레스 수준 측정 질문지와 자신감 수준 측정 질문지에 응답해 보라.

스트레스 수준 측정 질문지

아래 문항은 여러분의 실직에 대해 어떻게 느끼고 있는지를 알아보기 위한 것입니다. 10점 척도를 사용해서 여러분의 현재 감정과 마음을 가장 잘 나타내 주는 번호를 각 문항 옆에 적어 주십시오.

1	2	3	4	5	6	7	8	9	10
결코		때때로			자주			거의 대부분	

___ • 내가 무엇을 하고 있는지 집중하기 힘들다.

___ • 불안하다.

___ • 좌절을 느낀다.

___ • 고통스러운 감정이 억누른다.

___ • 실직에 관해 가끔 생각이 난다.

___ • 실직에 관한 내 감정을 무시하려고 애쓴다.

___ • 우울하다.

___ • 뭔가 해 보겠다는 동기를 유지하기가 힘들다.

___ • 화가 나고(나거나) 분개한다.

___ • 실직에 관한 생각 때문에 잠을 이루기가 힘들다.

___ • 두려움을 느낀다.

___ • 실직과 관련된 조그만 일에도 다시 스트레스를 느낀다.

___ • 실직에 관한 악몽을 꾼다.

다음의 마지막 문항에 대해서도 10점 척도를 사용해서 답하십시오. 그러나 이번 경우에 1점은 '전적으로 동의하지 않는다.' 이고, 10점은 '전적으로 동의한다.' 입니다. 실직에 관련된 여러분의 현재 믿음을 가장 잘 나타내는 번호를 적어 주십시오.

___ • 직무와 관련된 문제를 변화시키기 위해 내가 할 수 있는 것은 거의 없다.

___ • 위의 모든 문항 점수를 합한 총점을 이곳에 적어 주십시오.

이 점수는 현재 여러분의 실직에 대한 스트레스 수준을 보여 주며 비교 목적만을 위해 사용됩니다.

자신감 수준 측정 설문지

아래 문항을 읽고 여러분이 해당 과제를 수행하는 데 어느 정도나 자신감이 있는지 1~10까지의 번호 가운데 적합한 번호를 문항 옆에 적어 주십시오.

1	2	3	4	5	6	7	8	9	10
자신감이 없다.				어느 정도의 자신감					매우 높은 자신감

__ • 나는 실직으로 인해 초래된 문제를 관리할 수 있다.
__ • 직장을 얻기 위해 내 사회적 네트워크를 활용할 수 있다.
__ • 구직 면접 일정을 잡기 위해 필요한 것은 무엇이든지 할 수 있다.
__ • 구직 면접을 잘할 수 있다.
__ • 실직 상태에 있는 동안 정서를 관리할 수 있다.
__ • 실직을 좀 더 긍정적인 관점에서 바라볼 수 있다.
__ • 내 실직 경험을 통해 무언가를 배울 수 있다.
__ • 내 생각과 노력을 구직 활동에 집중할 수 있다.

__ • 총점

이 점수는 실직과 관련된 현재 여러분의 자신감 수준이며 추후 비교 목적만을 위해 사용됩니다.

대부분의 사람들은 스트레스 수준 측정 질문지에서 총점이 떨어진다. 이는 정서 종결이 이루어지고 건강한 정서로 돌아간다는 신호다.

스트레스 측정 질문지 끝 부분에 있는 문항 '직무와 관련된 문제를 변화시키기 위해 내가 할 수 있는 것은 거의 없다.' 에 주목한 이 문항은 여러분의 통제력을 반영해 주는 것으로서 일반적으로 프로그램을 마친 후 점수가 떨어지는 경향이 있다. 즉, 프로그램의 효과가 있다는 의미다.

또한 자신감 수준에서 총점이 증가하는 경우가 많다. 이는 실직 및 구직과 관련된 문제와 상황을 효과적으로 다룰 수 있다는 자신감을 다시 얻었다는 것을 의미한다. 앞서 밝혔지만 이 질문지들은 여러분이 이 프로그램을 실행하고 얼마나 성취했는지를 구체적으로 보여 주기 위해 포함시킨 것이다.

이 질문지들에서 만족할 정도로 점수가 향상되지 않았다면 다시 모듈로 돌아가서 필요하다고 생각되는 만큼 반복할 것을 권한다. 또한 다음 장에서 다루게 될 믿음과 장애물에 대한 내용이 도움이 될 수 있으리라 생각한다.

여섯 개의 세션을 모두 끝낸 후 원한다면 개별적으로 하나 또는 그 이상의 세션을 실시해도 좋다. 각 세션에서 여러분이 원하는 만큼 시간을 보내도 된다. 예를 들어, 실제 면접일이 예정되어 있다면 자신감을 키우고 면접에서 최대의 성과를 내기 위해 '마음속으로 구직 면접 연습하기' 세션을 여러 차례 실시하는 것도 좋은 방법이다.

축하한다! 마침내 여러분은 실직충격 회복 프로그램을 끝마쳤다. 그러나 이 프로그램에서 배운 MIT 스킬을 활용해서 더 많은 것을 얻을 수 있다. 나는 9장에서 우리가 위대한 꿈과 기쁨을 이루는 것을 가로막는 제한된 믿음, 정서, 저항들을 어떻게 떨쳐 낼 수 있는지에 대해 설명하도록 하겠다.

9

장애물 깨기

"나는 보는 것만을 믿는다."라고 말하는 사람들이 있습니다. 그러나 나는 "믿으면 볼 수 있을 것이다."라고 말하고 싶습니다.

-로버트 슐러-

실직충격 회복 프로그램을 실시할 때 욕구, 기대, 상상력을 활용하는 것은 프로그램의 성공에 큰 영향을 미친다. 이 프로그램은 효과가 있으며, 많은 사람들이 반복해서 이를 입증한 바 있다.

그러나 아직도 여러분은 성공을 막는 개인적인 장애를 가지고 있을 수 있다. 이러한 장애를 제거하고 긍정적인 결과를 얻는 데 도움을 줄 수 있는 세 가지 전략에 대해 말하겠다.

❶ 제한된 믿음을 빨리 파악하고 변화시킬 것

❷ 다른 사람과의 부정적인 정서 계약을 깰 것

❸ 자신이 가지고 있는 저항을 파악하고 그것을 통해 배울 것

제한된 믿음 인식 및 변화

먼저 일과 목표 달성에 관한 여러분의 태도와 믿음을 파악한 다음 성공을 제한하거나 가로막는 것을 변화시켜라. 사람의 태도와 믿음은 우리가 무엇을 생각하고 어떻게 느끼는지를 결정한다. 그리고 우리의 생각과 감정은 우리의 결정과 선택에 영향을 미치게 된다. 따라서 우리의 결정과 선택이 구직 활동에서 바람직한 결과를 가져오지 않는다면 밑바탕에 있는 믿음을 파악해야 한다. 믿음이 여러분의 능력을 증대시키는가, 오히려 좌절시키는가?

이 책의 앞 장에서 내가 인생에서의 성공은 투쟁 없이는 얻기 힘들다는 내 오래된 믿음에 대해 얘기했던 것을 기억하는가? 내 부모님은 자식에게 좋은 삶을 가져다주기 위해 열심히 일하셨고 많은 어려움을 겪으셨으며 나의 역할 모델이 되셨다. 부모님은 많은 어려움을 투쟁을 통해 이겨 내면서 성공한 사업가가 되셨다. 어떤 것도 쉽게 얻을 수는 없다. 특별히 의식했던 것은 아니지만 나는 그들이 하는 얘기를 듣고 행동을 관찰하며 그들의 삶이 모든 사람의 삶과 같다고 믿게 되었다. 자라나면서 나는 이러한 믿음이 타당하다는 것을 많은 삶의 경험을 통해 알게 되었다. 나는 투쟁과 걱정을 통해 지금의 업적을 이루었다.

따라서 어릴 때부터 잠재의식적으로 발달된 믿음은 내가 세상을 바라보고 경험하는 방법에 큰 영향을 미쳤다. 이것은 대부분의 믿음이 형성되는 방법이다.

경험은 믿음을 통해 여과됩니다.

우리는 믿음이라는 필터를 통해 현실을 경험한다. 다시 말하면, 우리는 믿음과 맞지 않는 것은 무의식적으로 걸러 내게 된다. 우리가 실제로 경험하는 것은 우리가 진실이라고 믿는 현실이다. 다른 잠재적 경험은 필터를 통과해 현실로 들어오지 못한다. 예를 들면, 나는 모든 사람은 다 건방지고 인정이 없다고 믿는 사람을 알고 있다. 아마도 그 사람은 살아가면서 그런 사람들만 만났을 것이라 생각된다. 실제로 주변에 배려적인 사람이 있어도 그 사람은 알아채지 못했다. 만약 알아챘더라면 그 경험이 그의 믿음을 변경시켰을지도 모른다. 우리들 모두는 자신의 믿음에 의문 갖는 것을 싫어한다. 우리 모두는 자신이 올바르기를 원한다.

스펜서 존슨의 책 『누가 내 치즈를 옮겼을까?』의 주인공 중의 하나에게서 얻은 또 한 가지 교훈은 "옛 믿음은 당신을 새로운 치즈로 안내하지 않는다."라는 것이다. 그 주인공은 새로운 믿음이 새로운 행동을 가져온다는 것을 깨달았다. 여러분이 믿는 것을 변화시킬 때 여러분의 행동도 변화시킬 수 있다.

내가 30대던 시절 존경하는 선생님이 인간 경험에서 믿음의 중요한 역할에 관해 말씀하셨던 적이 있다. 그 선생님은 인생은 결코 어렵지 않다고 말씀하셨다. 그분의 말씀을 듣고 나는 지금까지 매끄럽지 못했던 내 삶과 관련된 영역에서 제한된 믿음을 살펴보기 시작했고 그 믿음을 변화시킬 수 있는 방법을 발견했다. 그 후로 내 삶은 크게 변했다. 그래서 나도 이 방법을 여러분들에게 알려 주고 싶다.

연습: 제한된 믿음 인식하기

실직을 경험하는 것은 개인의 믿음에 큰 영향을 준다. 대분의 미국인은 인생은 공정하고 열심히 일하면 그에 대한 대가를 받는다고 믿고 있다. 그러나 회사에서 해고 통지를 받게 되면 공정, 충성, 보상에 대한 믿음은 흔들리게 된다.

또한 '나는 어려운 고비를 넘기지 못해.' '나는 그다지 훌륭하지 않아.' '이거 해 봐야 소용없을 텐데.' '변화는 나빠.' 와 같은 성공을 가로막는 일상적인 제한된 믿음을 가질 수 있다.

다음의 MIT 연습에서 여러분은 과거 1년 전의 시간으로 돌아가서 좋지 않았던 사건을 파악하고 그 사건의 바탕이 되는 제한된 믿음을 발견할 것이다.

자, 개인 일지를 손에 들어라. 그리고 15~20분 동안 방해받지 않는 장소를 선택하라.

먼저 편안한 곳을 찾으십시오.… 눈을 천천히 감으십시오. 숨 쉬는 데 신경을 쓰십시오. 자, 이제 숨을 깊이 들이마셨다가 크게 내뱉습니다. 이 과정에서 가슴이 아닌 배로 숨을 쉬게끔 배가 나왔다가 들어가도록 해 주시기 바랍니다. 다시 또 긴장을 푼 상태에서 천천히 숨을 들이마십시오.

이제 다시 숨을 내뱉으면서 몸의 긴장도 함께 몰아내십시오. 다시 들이마시고 내뱉고… 이제 점점 긴장이 풀리면서 평온해짐을 느낄 수 있습니다.… 언짢았던 생각들이 모두 사라져 버리는 것을 상상하십시오. 잠시 동안 당신의 마음은 정지되어 있으며 차분하고 느긋해짐을 느끼십시오.… 자, 계속 숨을 깊게 들이마시고 다시 내뱉습니다.… 이 이완된 감정이 몸 전체에 퍼지도록 하십시오.… 근육의 긴장이 서서히 이완되어 가는 것을 느끼십시오.

당신은 혼자 있고 평화를 느낄 수 있는 안전한 장소에 있음을 상상하십시오.… 모양과 색깔을 살펴보십시오. 점점 분명해질 겁니다.… 자연의 속삭임에 귀 기울이십시오.… 향기로운 공기를 맛보고, 소나무나 야생화의 냄새를 맡으십시오. 대략 시간이 몇 시나 되었는지 살펴보십시오. 아침인지, 아니면 해가 질 무렵인지… 당신이 원하는 대로 바꿔 보십시오.… 당신의 통제하에 있는 곳입니다.… 이곳은 당신의 장소입니다.… 숨을 깊이 쉬면서 모든 걱정들을 다 털어 내십시오.

안전한 장소에서 편히 누울 만한 곳을 찾으십시오. 과거로 가는 시간을 넘어서서 걸어가고 있다고 상상하십시오.… 어떤 사건과 그로 인해 어떤 결과가 일어났는지를 살펴보십시오.… 잠시 동안 일이나 구직 활동과 관련해서 좋지 않았던 일에만 집중하십시오. 현재부터 시작해 천천히 한 달씩 생각하며 과거로 돌아가십시오. 좋지 않은 일을 발견하면 좀 더 과거로 들어가서 그 상황과 관련해 여러분이 내렸던 결정 및 선택을 생각해 보십시오.… 그냥 관찰만 하십시오. 너무 심각하게 생각하지 마십시오. 자, 2분 정도 시간을 갖고 지금 해 보십시오.

이제 그 상황 이전의 좀 더 과거로 돌아가서 결정을 내리기 바로 직전에 무엇을 생각하고 느끼고 있었는지를 파악해 보십시오.… 자신을 잘 살펴보고 솔직해야 합니다.… 그때 어떤 생각을 갖고 있었고 어떤 느낌이었나요? 그냥 관찰만 하십시오. 1분 정도 시간을 드리니 지금 해 보십시오.

마지막으로 당시에 어떤 태도를 가장 강하게 보였나요?… 그 태도의 바탕이 되는 믿음은 무엇이었나요? 혹시 그 믿음이 직·간접적으로 원하지 않은 결과를 유도했을 가능성은 없었나요?… 그 믿음 말고 다른 대안도 고려해 보았나요?… 지금 생각해 보십시오.

제한된 믿음을 파악했으면 그 이전의 과거로 더 들어가십시오. 일 년 전이라도 상관없습니다.… 여러 사건들을 살펴보면서 그 제한된 믿음을 형성하게 된 어떤 다른 사건이 있었는지를 생각해 보십시오.… 지금 해 보십시오.

우리 모두는 제한된 믿음을 갖고 있습니다. 이제 여러분의 제한된 믿음을 찾아내서 그것을 여러분의 목표와 꿈을 이루는 데 도움이 될 수 있는 긍정적인 믿음으로 바꿀 차례입니다.

준비가 되면 다시 여정을 시작했던 장소로 돌아오십시오. 아마 산뜻한 기분을 느낄 것입니다. 몇 차례 숨을 깊게 쉬고 눈을 뜨십시오.

여러분이 배운 것을 다음과 같은 내용으로 일지에 바로 적어 본다.

1. 위의 연습을 하는 동안 여러분에게 가장 영향을 주었던 사건이나 결과를 선택해서 이름을 붙이고 간단하게 기술하라.
2. 여러분이 선택한 결론과 선택에 대해 기술하라.
3. 그 결정 및 선택 전에 가졌던 생각과 감정에 대해 기술하라.
4. 가장 분명하게 느꼈던 바탕이 되는 믿음에 대해 기술하라. 가능

한 한 간단하게 기술한다.

일지 쓰는 방법을 돕기 위해 위의 과정을 사용하는 예를 하나 들어 보겠다. 여러분이 좋아하는 회사의 4단계 면접 과정에 참여했다고 가정하자. 세 번째 면접 후 또 다른 후보자가 최종 면접에서 당신과 경쟁하게 되었다는 것을 알게 되었다. 그 사람에 대해서 조금 알고 있었는데, 당신보다 해당 직무에 더 적합한 자격을 갖추고 있다고 생각했다. 그래서 실망했고 아마도 그 사람이 선택될 것이라고 생각했으며 결과적으로 그렇게 되었다.

그렇다면 일지에 다음과 같이 적을 수 있을 것이다.

1. 사건 또는 결과: 면접 불합격
2. 내부적으로 내린 결정: '다른 후보자가 최종 선정될 것임'
3. 자신의 생각: '자격요건이 나보다 좋음'
   자신의 감정: '실망 및 실패에 대한 두려움'
4. '내가 충분한 자격 요건을 갖추고 있지 않다는 것' 이 이러한 결정, 생각, 결과를 가져오게 한 믿음이었다. 그러나 한 가지 결과만을 가지고 절대적인 결정을 내릴 필요는 없다. 특정 믿음이 성공을 제한한다는 결론을 내리기 전에 다른 결과도 살펴봐야 한다.

여러분의 성공을 가로막는 모든 업무와 관련된 믿음을 파악할 때까지 위의 절차를 반복하기 바란다.

원한다면 그러한 믿음을 처음 가지게 된 아주 먼 과거로 돌아가도 좋다. 그러나 언제 시작되었는지를 잘 몰라도 제한된 믿음을 언제라도 바꿀 수 있기 때문에 굳이 그렇게 할 필요는 없다.

만약 어떤 믿음이 좋고 좋지 않은지를 잘 모르겠다면 스스로에게 다음의 질문을 하라.

- 내 목표와 꿈을 이루는 데 도움이 되는 것인가, 방해가 되는 것인가?
- 나를 기분 좋게 만드는가, 기분 나쁘게 만드는가? 제한된 믿음은 마치 오래된 신발같이 편하다는 것을 고려하라.
- 나를 긍정적인 방법으로 보호하는가 그렇지 않은가?

만약 제한된 믿음을 계속 갖고 있는 것이 더 이상 도움이 되지 않는다고 결정하면 지금이야말로 그 믿음을 버리고 새롭고 건설적인 믿음을 형성할 때다.

> 경험을 변화시키기 위해 믿음을 변화시켜라.

연습: 제한된 믿음 변화시키기

긍정적인 삶을 가로막는 제한된 믿음을 깨달았으면 한 번 검토해 보라. 경력 개발에 미치는 부정적 영향을 어떻게 변화시키겠는가? 오래된 믿음의 문제점을 입증할 수 있는 새로운 믿음을 만들어라.

예를 들어, 앞서 언급했던 오래된 믿음인 '나는 투쟁 없이는 성공할 수 없어.'를 '내가 바라는 것은 쉽게 얻을 수 있어.'로 바꿔 말할 수 있다면, '투쟁 없이는 성공할 수 없다는 믿음을 이제 버릴 거야. 이제 나는 내가 원하는 것을 쉽게 얻을 수 있어.'라고 마음속으로 말할 수 있게 된다. 좀 더 큰 영향이 미칠 때까지 여러 번 반복하라.

만약 '내 믿음을 변화시키는 것은 쉽지 않아.'라고 생각한다면 바로 그 믿음을 바꿔야 한다.

나는 여러 해 전에 두 번째 기법을 배웠고 여러 번 성공적으로 사용해 왔다. 다음에 나오는 연습에서 설명하려고 하는데, 이 기법은 잠재의식적으로 쉽게 이해할 수 있는 그림과 은유를 활용한 것이다. 제한된 믿음을 파악했으면 곧장 안전한 장소로 가서 동굴로 가는 길을 찾는다. 동굴 깊숙이 불이 희미하게 빛나는 굴을 찾을 수 있을 것이다. 중앙에는 『내 믿음에 관한 책』이라는 책이 놓여 있는 받침대가 있다. 그 책을 펴서 제한된 믿음이 나와 있는 페이지를 읽고 그 믿음을 새로운 믿음으로 바꿔 놓는다. 자, 이제 해 보자.

편안한 장소를 찾으십시오.… 조용히 눈을 감고 천천히 집중해서 숨을 쉬십시오. 숨을 들이마시고… 완전히 내쉽니다.… 숨을 횡경막까지 깊숙이 들이마십니다.… 다음 몸 속의 긴장을 내보냅니다.… 들이마시고… 내쉬고… 천천히 이완이 됩니다.… 잡념을 버리십시오.… 이제 마음이 편해집니다.… 차분해지고 이완을 느낍니다.… 숨을 깊게 들이마시고… 내쉬십시오.… 이완감이 몸 전체에 퍼지도록 하십시오.… 근육 긴장이 이완되기 시작함을 느낍니다.

당신은 혼자 있고 평화를 느낄 수 있는 안전한 장소에 있음을 상상하십시오.… 모양과 색깔을 살펴보십시오. 점점 분명해질 겁니다.… 자연의 속삭임에 귀 기울이십시오.… 향기로운 공기를 맛보고, 소나무나 야생화의 냄새를 맡으십시오. 대략 시간이 몇 시나 되는지 살펴보십시오. 아침인지, 아니면 해가 질 무렵인지… 당신이 원하는 대로 바꿔 보십시오.… 당신의 통제하에 있는 곳입니다.… 이곳은 당신의 장소입니다.… 숨을 깊이 쉬면서 모든 걱정들을 다 털어 내십시오.

여러분이 전에 본 적이 없는 꼬부라진 길을 걷기 시작합니다.… 모퉁이를 돌아서니 동굴 입구가 나오고 안으로 들어오라고 손짓하는 것 같습니다.… 호기심이 생겨서 동굴 안으로 들어갑니다.… 앞에서 빛이 나는 곳으로 향해 가니 넓은 굴이 나타나고 주변은 초로 밝혀져 있습니다.… 굴 가운데 받침대가 있는데… 그 위에는 크고 먼지가 쌓인 책이 놓여 있습니다.… 그 책 표지에는 '내 믿음에 관한 책' 이라고 쓰여 있습니다.

책 있는 곳으로 걸어가서 여러분이 떨쳐 내고 싶은 오래된 믿음에 대해 쓰인 페이지를 엽니다.… 받침대 옆에 있는 조그만 테이블 위에서 검정색 형광펜을 집고 그 단어 위에 크게 X자를 그립니다.… 그 페이지를 조각조각 찢어서 태워 버리십시오.… 그 오래된 믿음을 완전히 버렸다는 자유와 희열을 만끽하십시오.

다시 그 책을 보십시오. 여러분이 찢은 페이지 뒤에 백지가 있습니다.… 다시 형광펜을 잡고 그 페이지에 새로운 믿음을 적으십시오.… 마음속으로 그 믿음을 크게 읽으십시오.… 그 감격을 잠시 느껴 보십시오.… 이제 책을 닫습니다.… 여러분은 오래되고 부정적인 믿음을 새롭고 긍정적인 믿음으로 바꿨습니다.… 잠시 그 사실을 깨달으십시오.

준비가 되면 다시 여정을 시작했던 장소로 돌아오십시오. 아마 산뜻한 기분을 느낄 것입니다. 몇 차례 숨을 깊게 쉬고 눈을 뜨십시오.

여러분은 옛날 믿음을 버리고 쉽게 새로운 믿음을 받아들일 준비가 되어 있는가? 여러분이 결정할 일이다. 의식적인 믿음은 항상 선택의 문제다.

다른 사람과의 부정적 정서 계약 깨기

정서 장애를 깰 수 있는 또 다른 방법은 좀 더 젊었을 때 감수성이 예민했던 시절의 다른 사람과 가졌던 좋지 않았던 정서 계약을 검토하는 것이다.

어린 시절부터 성인 초기에 이르기까지 대부분의 사람들은 부모 및 형제와 같이 자신이 의존하는 사람들과 무의식적으로 합의를 하게 된다. 이는 그냥 본능적으로 별다른 생각 없이 이루진다. 그것은 사랑의 계약일 수도 있고, 불안과 걱정의 계약 또는 미움과 상처의 계약일 수도 있다. 이러한 문서화되지 않은 계약으로 인해 우리는 욕망, 상상, 기대와 같은 표현을 완전하게 표출하지 못하는 경우가 자주 있다.

사랑의 계약은 부모의 사랑을 얻으려는 욕망에서 비롯되는 경우가 자주 있다. 부모의 사랑을 얻는 방법의 하나로 우리는 자신의 욕망이 아닌 부모의 욕망을 충족시키려 한다.

내 고객 중의 하나였던 린다는 아버지의 뒤를 이어 영업직을 선택했다. 성공한 영업 관리자였던 그녀의 아버지는 린다가 청소년이었을 때부터 그 방향으로 가도록 격려했다. 아버지를 기쁘게 해 드려야겠다는 생각에 린다는 대학을 졸업하자마자 영업직을 알아봤고 그 분야로 취업했다. 즉, 언제라고 정확히 얘기할 수는 없지만 린다는 아버지와 정서 계약("저는 아빠가 원하는 사람이 될 테니 아빠는 항상 저를 사랑하셔야 해요.")을 맺은 것이다. 그녀는 자신이 하고 싶은 것이 무엇인지 자신에게 물어보지도 않고 아버지가 바라는 것만을 추구하려고 했다.

린다는 처음 몇 년 동안은 일을 잘했지만 일이 즐겁지는 않았다. 회사 합병으로 인해 해고당했을 때 린다는 또 다른 영업직을 찾기 시작했다. 그러나 항상 마음에 들지 않는 부분이 있었다. 팔아야 할 제품이 싫다거나, 연봉이 좋지 않다거나, 판매 구역이 좋지 않다거나, 혹은 아예 취업 통지를 못 받는 경우가 생겼다. 내가 린다에게 어떻게 해서 영업직에 흥미가 생겼는지를 물어봤더니, 그녀는 "나는 영업에 흥미가 있었던 적이 전혀 없었어요."라는 대답을 했다. 그녀도 자신의 대답에 놀라는 것 같았다. 얘기를 계속한 결과 린다는 다른 직업에도 흥미가 전혀 없었다는 것을 깨닫게 되었다. 그녀는 자신이 영업직을 가져야 된다는 사실을 그냥 받아들였다는 것을 알게 되었다. 즉, 그냥 아버지가 자신을 위해 그 직업을 선택하도록 그냥 놔두었던 것이다. 그런 얘기를 하면서 린다는 아버지에 대한 분노를 느꼈다. 나중에는 자신도 그 선택을 받아들였다는 것을 인식하고 분노를 내부로 돌렸다.

린다가 자유로운 선택을 해서 성공을 향해 노력하기 전에 그녀는 아버지와의 정서 계약을 먼저 파기하고 분노를 해결하며 아버지와 자신을 용서해야만 했다. 그러고 나서야 그녀는 새로운 방향으로 갈 수 있는 자유를 얻게 되었다.

여러분도 자신이 충족하려는 욕망이 누구의 것인지 자신에게 물어보라. 그것은 여러분 자신의 것인가, 아니면 다른 사람의 것인가?

우리의 정서 계약은 부모의 약속 또는 사회적 의무를 포함한다. 예를 들면, 여러분은 아버지에게 "아버지를 존중하고 사랑하기 때문에 나는 결코 아버지보다 더 성공한 사람이 되지 않겠어요."라고 했던 약속을 내재화시킬 수 있다. 이와 비슷한 약속을 한 적이 있다면 여러분이 원하는 성공에 도달하기 위하여 그 정서 계약을 끝내야 한다.

어떤 정서 계약을 마음속에 품고 있는지를 결정하기 위해 실직 전 여러분의 행복감과 성공의 느낌을 평가해 보라. 뭔가 방향을 잘못 잡았다는 생각이 들거나 불만족을 느끼는가? 만약 그렇다면 왜 그럴까? 잘 생각해 보라. 마지막 직장에서의 일만이 아니라 그때까지 계속 해왔던 일들을 살펴보라.

부모와 형제/자매와의 관계를 분명하게 검토한다. 일과 관련해서 정서 계약이 있었던 것 같은 생각이 든다면 아마도 그럴 가능성이 높다. 다만 좋지 않았던 계약만을 말한다는 점에 유의하기 바란다.

연습: 부정적 정서 계약 파기하기

여러분이 파기하고 싶은 계약이 있다면 쉽게 해결할 수 있다. 여기에 그 방법이 있다. 다음의 대본에서 여러분이 다른 사람과 정서적으로 계약한 부정적인 연결고리를 끊는 것을 상상하게 될 것이다. 항상 그랬듯이, 우선 방해받지 않는 편안한 곳을 찾는다.

편안한 장소를 찾으십시오.… 조용히 눈을 감으시고, 천천히 집중해서 숨을 쉬십시오. 숨을 들이마시고… 완전히 내쉽니다.… 숨을 횡경막까지 깊숙이 들이마십니다.… 다음 몸 속의 긴장을 내보냅니다.… 들이마시고… 내쉬고… 천천히 이완이 됩니다.… 잡념을 버리십시오.… 이제 마음이 편해집니다.… 차분해지고 이완을 느낍니다.… 숨을 깊게 들이마시고… 내쉬십시오.… 이완감이 몸 전체에 퍼지도록 하십시오.… 근육 긴장이 이완되기 시작함을 느낍니다.

당신은 혼자 있고 평화를 느낄 수 있는 안전한 장소에 있음을 상상하십시오.… 모양과 색깔을 살펴보십시오. 점점 분명해질 겁니다.… 자연의 속삭임에 귀 기울이십시오.… 향기로운 공기를 맛보고, 소나무나 야생화의 냄새를 맡으십시오. 대략 시간이 몇 시나 되었는지 살펴보십시오. 아침인지, 아니면 해가 질 무렵인지… 당신이 원하는 대로 바꿔 보십시오.… 당신의 통제하에 있는 곳입니다.… 이곳은 당신의 장소입니다.… 숨을 깊이 쉬면서 모든 걱정되는 생각들을 다 털어 내십시오.

당신이 정서 계약을 끝내고 싶은 사람을 생각해 보십시오.… 계약이 무엇이었는지 생각해 보십시오.… 도움이 된 것이 있었습니까?… 만약 그렇다면 어떤 도움이었습니까? … 아마 더 많은 사랑을 받았고 그 결과 감사를 느낄지 모릅니다.… 아니면 당신의 성장과 성공을 방해하지는 않았습니까?… 만약 그렇다면 그런 계약을 맺은 자신을 먼저 용서하십시오.… 그 당시 당신은 자신이 할 수 있는 최선을 다했습니다.… 더 이상 당신에게 도움이 되지 않는 그 계약을 깨는 데 몰입하십시오.

이제 당신의 안전한 장소에 오래전에 계약을 맺은 사람을 초대하십시오.… 그 사람은 현재 살아 있든 아니든 반드시 올 것입니다.… 당신 곁으로 다가오면서 조용히 당신 앞에 약간 거리를 두고 서 있습니다.… 두 사람 사이에 전에는 본 적이 없지만, 당신의 몸 어디에선가 나와서 앞에 서 있는 사람의 몸으로 이어지는 눈에 보이는 연결고리가 있음을 알게 됩니다.… 아마도 실이나 선으로 만들어진 것인지도 모릅니다.… 무엇이든 상관없습니다.

이 사람에게 할 말이 있으면 지금 하십시오.… 아직 사랑하고 있을지라도 이제 오래전에 맺은 정서 계약으로부터 자신을 해방시킬 때입니다.

가까이에 있는 가위를 집으시고 연결선을 바로 자르십시오.… 앞에 있는 사람이 공중으로 날아가면서… 눈 앞에서 점점 멀어집니다. 당신을 묶고 있던 정서 계약은 더 이상 존재하지 않다는 것을 알게 됩니다.… 이제 당신이 선택하는 사람과 자유롭게 관계를 맺을 수 있습니다.

이와 같이 장애가 되는 정서 계약이 없어진 삶이 어떨지를 생각해 보십시오.… 어떤 새로운 선택을 할 것인가요? … 어떤 방법으로 당신의 능력을 개발할 것인가요? … 자유로움을 느끼십시오.

준비가 되면 다시 여정을 시작했던 장소로 돌아오십시오. 아마 산뜻한 기분을 느끼실 것입니다. 몇 차례 숨을 깊게 쉬시고 현 상황을 즐기십시오.

여러분이 가지고 있는 모든 정서 계약 하나하나에 대해 앞의 연습을 반복한다. 효과가 있다는 것을 알게 될 것이다. 여러분이 계약을 파기한 상대방도 뭔가 다르다는 것을 당장에 인식하게 될 것이다. 내가 아는 한 여성은 몇 달 동안이나 한마디도 하지 않았던 어머니와의 정서 계약을 파기했는데, 바로 그 다음날 어머니에게서 어떻게 된 것인지를 물어보는 전화를 받았다.

저항을 통해 인식하고 배우기

크게 성공하기 위해 활용할 수 있는 세 번째 전략은 변화에 대한 자신의 저항에 대해 인식하고 배우는 것이다. 여러분은 의식적으로 원하는 변화에 무의식적으로 저항할 수 있다. 즉, 변화하고 싶다고 말은 해도 변화하고 싶지 않은 것처럼 행동할 수 있다. 왜 그럴 것 같은가?

저항은 견디기 어려운 생각이나 감정으로부터 우리를 보호하는 심리적인 방어 또는 장애다. 저항하는 것은 나쁘거나 잘못된 것이 아니다. 무의식적인 방어는 과거의 해결되지 않은 슬픔, 공포 및 다른 정서가 우리의 일상생활을 방해하는 것을 막아 주는 데 도움을 준다. 문제는 이러한 방어가 너무 강해서 여러분이 정말로 원하는 변화에 장애가 될 수 있다는 것이다.

예를 들면, 실직충격 회복 프로그램에서 제공하는 기법을 사용하는 것에 대해 잠재의식 속에서 저항할 수 있다. 저항이 무엇이든지 여러분은 그것에 어떻게 대처할 것인지를 배우기 위해 먼저 저항을 인식하는 것을 배우게 될 것이다.

저항은 여러 가지 형태를 가질 수 있지만 다음 중 하나일 수 있다.

- 프로그램을 실행하면서 얻은 통찰력에 따라 행동하지 않음.
- 프로그램을 실행하는 동안 뭔가 불안하거나 불편함을 느낌.
- 프로그램 중 단지 긴장이완 세션만 실행함.
- 프로그램 중 정서 종결 세션을 하지 않고 넘어감.
- 프로그램의 대본 가운데 특정 대본에 대해 심한 어려움을 경험함.
- 프로그램에 참여하는 것보다 다른 것에 우선 순위를 둠.

연습: 저항을 통해 배우기

다음의 대본에서 여러분은 저항의 심상과 얘기를 나누고, 왜 심상이 거기에 있으며 어떻게 거기에 가게 되었는지를 파악하게 될 것이다. 여러분을 보호하고 있는 것은 무엇일까? 여러분이 원하는 변화를 이루기 위해서는 무엇이 필요할까? 나는 마틴 로스먼 박사의 저서

『자기 치유를 위한 유도된 심상』(2000)에 나오는 대본을 각색해서 이 연습을 만들었다.

항상 그렇듯 방해받지 않는 장소를 선택한다.

편안한 장소를 찾으십시오.… 조용히 눈을 감으시고, 천천히 집중해서 숨을 쉬십시오. 숨을 들이마시고… 완전히 내쉽니다.… 숨을 횡경막까지 깊숙이 들이마십니다.… 다음 몸 속의 긴장을 내보냅니다.… 들이마시고… 내쉬고… 천천히 이완이 됩니다.… 잡념을 버리십시오.… 이제 마음이 편해집니다.… 차분해지고 이완을 느낍니다.… 숨을 깊게 들이마시고… 내쉬십시오.… 이완감이 몸 전체에 퍼지도록 하십시오.… 근육 긴장이 이완되기 시작함을 느끼십시오.

당신이 혼자 있고 평화를 느낄 수 있는 안전한 장소에 있음을 상상하십시오.… 모양과 색깔을 살펴보십시오. 점점 분명해질 겁니다.… 자연의 속삭임에 귀 기울이십시오.… 향기로운 공기를 맛보고, 소나무나 야생화의 냄새를 맡으십시오. 대략 시간이 몇 시나 되었는지 살펴보십시오. 아침인지, 아니면 해가 질 무렵인지… 당신이 원하는 대로 바꿔 보십시오.… 당신의 통제하에 있는 곳입니다.… 이곳은 당신의 장소입니다.… 숨을 깊이 쉬면서 모든 걱정되는 생각들을 다 털어 내십시오.

안전한 장소에서 가장 편안함을 느끼는 곳을 찾으십시오. 그곳에서 편안함을 느낍니다.… 조용하고 편안함을 느껴 보십시오.

준비가 되면 이 프로그램이나 현재의 구직 활동과 관련해 회복되는 것에 대해 조금이라도 반대하는 것이 있는지 자신에게 물어보십시오.… 그냥 단순히 물어보고 조용히 답을 기다리십시오.

만약 반응이 없으면 이 프로그램 또는 구직 활동에서 다음 단계로 가는 것을 상상하십시오.… 반대하고 있는 당신의 일부가 안전한 장소에 모습을 보이도록 초대하십시오.

당신의 일부는 어떤 모습일지 심상을 지켜보십시오. 당신처럼 생겼을 수도 있고 아닐 수도 있습니다.… 심상이 모습을 보인 데 대해 감사하십시오.… 그리고 당신이 이해할 수 있도록 반대하는 이유를 물어보십시오.… 무엇이 문제인지 분명히 하기 위해 어떤 질문도 할 수 있습니다. (잠시 중지)

당신의 일부에게서 무엇을 배우고 있는지를 생각해 보십시오.… 심상의 모습이 두려워 보입니까 화나 보입니까?… 왜 그럴까요?… 반대를 없애기 위해 무엇이 필요한지를 물어보십시오.… 답을 기다리십시오. (잠시 중지)

당신의 멘토를 초대하고 안전한 장소로 온 것을 환영하십시오.… 멘토에게 당신의 일부가 반대하는 것에 대해 얘기하십시오.… 아마 멘토가 심상이 원하는 것을 충족시키고 당신이 자유롭게 앞으로 나아갈 수 있는 방법을 제시할 수도 있습니다.… 멘토의 생각과 안내에 귀 기울이십시오.… 궁금한 모든 질문을 하십시오.… 심상은 원하는 것이 충족되기를 바라고 있으며 반대편이 아닌 당신 편에 서기를 원하고 있습니다.

합리적이라고 생각되는 제안을 심상과 공유하십시오.… 이런 방법으로 심상이 바라는 것이 충족될 수 있는지 물어보십시오.… 심상의 반응을 기다려 보십시오.… 만약 '예' 라는 답이 나오면 제안된 행동을 실행하고 결과가 성공적인 것을 상상해 보십시오.

만약 특별한 아이디어가 나오지 않거나 수용할 수 없다면 당신 자신과 멘토에게 새로운 해결방안을 찾을 것인지 물어보십시오.… 그리고 며칠 후 새로운 아이디어를 논의하기 위해 다시 만나십시오.… 만날 시간을 정하십시오.

준비가 되면 다시 여정을 시작했던 장소로 돌아오십시오. 아마 산뜻한 기분을 느낄 것입니다. 몇 차례 숨을 깊게 쉬고 현 상황을 즐기십시오.

이제 여러분이 배운 것을 바로 기록한다.

심상은 어땠는가? 여러분의 저항을 인식할 수 있었는가? 만약 그렇다면 다음의 질문에 답해 보라.

- 왜 반대했는지 알겠는가?
- 충분히 해결할 수 있다고 느끼는가? 또 그렇게 하기 위해 행동을 취하겠는가?
- 어떤 행동을 취하겠는가?
- 이 경험을 통해 무엇을 배웠는가?

향후 며칠 동안 일상생활을 하면서 어떤 아이디어와 통찰력을 찾기 위해 노력하라. 무엇보다 중요한 것은 성공을 내부에서 반대하는 자신을 비난하지 말라는 것이다. 누구든 저항이 있는 것은 정상적이며, 갈등이 되는 정서를 인식하는 것이야말로 긍정적인 단계를 밟고 있다는 것을 의미한다.

'사랑하는 삶을 사는 방법(1994)' 이라는 오디오테이프 프로그램에서 바바라 셰어는 저항에 대처하기 위한 흥미 있는 대안을 제시하고 있다. 그녀의 아이디어는 저항의 근원이 무엇이든 간에 그것을 무시하는 것이다. 그녀는 과제나 프로젝트를 작고 마음에 드는 단위로 나누어서 편안한 과정으로 만들어 저항을 줄일 수 있다고 제안하고 있다.

예를 들어, 여러분이 이 프로그램의 실행을 자꾸 늦추려 한다면 다음의 단계를 시도해 보라.

❶ 우선, 3~4분 정도 편안하게 앉거나 기대고 호흡을 천천히 하면서 해변에서 걷는 것과 같이 이완이 가능한 것을 상상하라. 오랫동안 그 과정을 유지하기가 힘들면 처음에 1~2분 정도 하다가 점점 시간을 늘린다.
❷ 매일 조금이라도 하는 습관을 들이기 위해 계획된 일정대로 과정을 실행하라.
❸ 4분 정도 실시한 후 이 프로그램의 긴장이완 대본으로 가서 안전한 장소 부분을 제외하고 첫 2~3일 동안은 하루에 한 번씩 몸 전체를 이완시켜라.
❹ 안전한 장소를 포함시켜라.
❺ 이제 여러분은 이 책에서 기술한 프로그램 모듈을 추가할 준비가 되어 있을 것이다.

중요한 것은 참여를 격려하는 조그마한 것이라도 시작하는 것이다. 이때 과정에 부담을 느끼지 않고 편안해지는 것이 중요한다.

- 여러분은 성공을 가로막는 제한된 믿음을 파악하고 변화시키는 것을 배웠다.
- 여러분은 이제 다른 사람과 맺은 부정적인 정서 계약을 인식하고 파기할 수 있다.
- 여러분은 저항에 긍정적인 방법으로 대처할 수 있다.

여러분은 이제 원하는 성공 수준에 이르는 것을 막았던 장애를 깰 수 있으며 미래에 발생 가능한 새로운 장애에 효율적으로 대처할 수 있는 방법을 배웠다. 축하한다!

10

새로운 비전: 정서 장애 없이 살아가는 법

꿈을 향해 자신 있게 나아가십시오. 여러분이 꿈꾸는 삶을 살아가십시오.

-헨리 데이빗 소로-

학습 내용 검토

이 책을 통해 지금까지 여러분이 배운 것을 한 번 검토해 보겠다. 여러분은 MIT를 사용해서 다음의 방법들을 배웠다.

- 이완하고 스트레스를 주는 징후를 관리함.
- 실직에 관련된 정서를 종결함.
- 자신감과 자존심을 증대시킴.
- 구직 활동을 향상시킴.
- 새로운 희망을 가지고 활기를 찾음.
- 성공을 제한하는 믿음을 파악하고 변화시킴.

- 타인과의 원하지 않는 정서 계약을 파기함.
- 마음속의 저항을 파악하고 해결함.
- 성공을 촉진시키기 위해 욕망, 기대 및 상상력을 활용함.

여러분은 이제 여러분이 선택하는 직장을 빠르고 쉽게 얻을 준비가 되었다.

인생을 위한 새로운 비전 창조

만약 세상의 모든 사람들이 이러한 스킬을 가지게 되면 어떻게 될까? 수십 억의 사람들이 모든 정서상의 어려움을 빨리 처리하고 해결할 수 있다면, 더불어 성공과 행복을 막는 내부의 장애물을 제거할 수 있다면 세상이 어떻게 될지 상상할 수 있겠는가?

새로운 현실은 항상 꿈과 비전으로 시작했다. 여러분의 꿈과 비전은 무엇인가? 지금 꿈과 비전을 생각해 보라.

호수에 자갈이 떨어질 때를 생각해 보라. 호수 어디에 자갈이 떨어지든지 모든 방향으로 퍼지는 잔물결을 만들어 내고 호숫가로 다 퍼지게 된다. 그와 마찬가지로 우리가 개인으로서 취하는 행동은 우리가 잘 모르는 사람들에게도 직 · 간접적으로 영향을 주게 된다. 여러분이 성공에 대한 욕망과 기대를 갖고 꾸는 꿈은 많은 기회를 만들어 내게 된다.

새로운 현실은 꿈과 비전으로 시작한다.

존 레논은 "평화롭게 사는 모든 사람을 상상해 보세요. 당신은 내가 꿈꾸는 사람이라고 말할지 모르지만 내가 유일한 사람은 아니에요. 언젠가는 당신도 나와 같을 것이고, 세계는 하나가 될 거예요."라는 노래 가사를 쓸 때 상상의 힘을 알았음에 틀림없다.

연습: 개인의 비전

나는 이제 여러분에게 마지막 연습을 제공하려 한다. 시작은 내가 하지만 대부분은 여러분이 대본 없이 혼자 해 나가야 한다. 가능한 한 모든 상상을 동원해서 창의적이기를 바란다.

자, 이제 시작하겠다. 배운대로 편하게 앉고, 눈을 감고, 숨을 깊이 쉬고, 몸과 마음을 이완하라. 안전한 장소로 가라. 불편하다면 가지 않아도 된다. 여러분이 하고 싶은 일에 몰입해 있는 것을 상상하라. 그리고 상사 및 동료들이 정서적으로 건강하게 살아가는 모습을 그려 보라. 거의 모든 사람이 MIT의 힘에 대해 알게 되었다. 최소한 정서 장애에서 벗어나는 방법을 배웠다. 서로 간에 오래된 상처가 없어진다면 사람들과의 업무관계는 어떻게 될까? 관리자와 임원들의 고통이 치유되고 그들이 동료에게서 열정적인 지지를 받는다면 그래도 다른 사람을 통제하고 지배하려 할까?

여러분의 개인 비전에서 합병과 다운사이징은 어떻게 처리될 것 같나? 만약 해고가 발생한다면 해고에 대처하기 위해 할 수 있는 최선의 방법은 무엇일까? 창의적인 생각을 발휘해서 회사와 종업원의 욕구를 충족시킬 수 있는 가능한 대안과 시나리오를 만들어 내라.

만약 회사에서 어떤 변화를 기대하기 어렵다 하더라도 변화가 일어날 것으로 가정하라. 강한 욕망은 꿈에 대한 상상과 같이 연결된다면 기대를 증폭시킬 것이다. 이러한 세 가지 도구를 잘 사용할 때 여러분은 원하는 것을 얻을 수 있을 것이다.

결론적으로 나는 여러분이 지금까지 배운 새로운 스킬을 계속 사용할 것을 권한다. 꿈에 그리는 직장을 잡는 데 이 스킬을 사용하고 새로운 삶에서 성공과 행복을 만들어 나가는 데도 사용하라. 여러분은 필요한 모든 도구를 가지고 있다. 그것들을 얼마나 효과적으로 사용할 것인지는 바로 여러분의 몫이다.

부록 A

심상기법 대본: 개인 프로그램

만약 당신이 다른 프로그램(B)을 선택했다면 실직충격 회복 프로그램을 실행하기 위해 다음 다섯 개의 대본을 활용하기 바란다. 처음에는 기본 긴장이완 기법 대본부터 시작하라. 다음은 순서대로 네 개의 연속되는 대본을 활용하면 된다. 각 세션이 어떻게 이루어져 있는지를 알고 싶다면 6장의 내용을 참고한다. 12개의 세션을 12일 이상 동안에 걸쳐 진행하기 바란다.

이 대본을 속으로 읽든 소리 내어 크게 읽든 간에 문장에서 '…' 표식을 보면 천천히 읽고 잠깐 쉬어 가도록 한다.

대본: 기본 긴장이완 기법

먼저 편안한 곳을 찾으십시오.… 눈을 천천히 감으십시오. 숨 쉬는 데 신경을 쓰십시오. 자, 이제 숨을 깊이 들이마셨다가 크게 내뱉습니다. 이 과정에서 가슴이 아닌 배로 숨을 쉬게끔 배가 나왔다가 들어가도록 해 주십시오. 다시 또 긴장을 푼 상태에서 천천히 숨을 들이마십시오. 이제 다시 숨을 내뱉으면서 몸의 긴장도 함께 몰아내십시오. 다시 들이마시고 내뱉고… 이제 점점 긴장이 풀리면서 평온해짐을 느낄 수 있습니다.… 언짢았던 생각들이 모두 사라져 버리는 것을 상상하십시오. 잠시 동안 당신의 마음은 정지되어 있으며 차분하고 느긋해짐을 느낍니다.… 자, 계속 숨을 깊게 들이마시고 다시 내뱉습니다.

평온한 상태에서 잠시 동안 이 순간을 즐기십시오. 처음에 근육을 이완시킬 때 어색함을 느낄 겁니다. 하나에서 열까지 세는 동안 점점 이완이 되도록 하십시오.… 점점 이완함에 따라 모든 불안이 다 사라져 버리는 것을 상상하십시오.… 하나, 둘, 셋, 넷, 다섯, 여섯, 일곱, 여덟, 아홉, 열… 아주 좋습니다. 이러한 느낌이 몸 전체로 퍼져 나가도록 하십시오.… 이제 당신은 따뜻한 느낌을 가지게 될 겁니다. 긴장이완이 충분이 되었다는 신호입니다.

이제 당신의 다리로 주의를 돌리십시오.… 다리와 발가락의 모든 근육이 천천히 이완되는 것을 느껴 보십시오.… 이 근육들이 풀리고 따뜻해지면서 이완이 종아리 전체로 퍼져 나가도록 하십시오.… 이제 무릎에 느껴지는 긴장을 풀 차례입니다.… 다음은 넓적다리 근육이 이완되는 것을 느끼십시오. 모든 긴장을 밖으로 떨어내십시오.… 이와 같은 긴장이 풀리고 평온한 마음은 당신이 자신에게 주는 선물입니다.

다음은 엉덩이와 배입니다.… 모든 근육을 이완시키십시오.… 긴장이 몸에서 빠져 나가도록 다 털어 내십시오.… 이제는 등으로 가서 긴장을 풀고 목과 어깨로 가십시오.… 숨을 깊게 쉬면서 계속해서 긴장을 푸십시오.

다음은 팔, 팔뚝, 손으로 갑니다.… 모든 걱정과 책임을 다 떨어 버리십시오. 다시 나중에 생각하면 됩니다.… 손가락도 긴장을 푸십시오.… 턱, 얼굴, 눈, 머리로 가면서 역시 모든 근육을 이완시키고 편안함을 느껴 보십시오.

이제는 몸 전체를 다시 한 번 훑어 보면서 남아 있는 긴장이 있는지 살펴보기 바랍니다.… 조금이라도 남아 있다면 다 털어 내십시오.… 다시 한 번 마음의 평온함을 즐기십시오.

마음이 차분하고 평온해지도록 더 깊게 이완하십시오.… 당신은 모든 생각과 걱정을 다 털어 낼 수 있습니다. 깊고 평온한 상태에만 집중하십시오.

이제 더 깊게 들어갑니다.… 당신은 혼자 있고 평화를 느낄 수 있는 안전한 장소에 있음을 상상하십시오.… 안전한 장소를 만들 수 있고, 언제라도 원하는 대로 바꿀 수 있습니다.… 그곳은 해변가에 잔잔한 파도가 이는 자연 속의 한적한 장소일 수도 있고 새들의 편안한 노래소리를 들을 수 있는 숲일 수도 있습니다. 또는 들꽃 사이로 잔잔한 바람이 속삭이는 산 속의 초원일 수도 있습니다. 당신이 편안하고 안전함을 느낄 수 있는 곳이라면 어떤 곳이든 상관없습니다.

이제 안전한 장소를 둘러보십시오.… 모양과 색깔을 살펴보십시오. 점점 분명해질 겁니다.… 대략 시간이 몇 시나 되었는지 살펴보십시오. 아침인지, 아니면 해가 질 무렵인지… 자연의 속삼임에 귀 기울이십시오.… 향기로운 공기를 맛보고, 발 밑의 땅을 느껴 보고 손가락을 물에 넣고 휘저어 보십시오.

당신이 원하는 대로 바꿔 보십시오. 이곳은 당신의 장소입니다.… 아무도 당신의 초대 없이는 이곳에 올 수 없습니다.… 당신 자신의 통제하에 있는 곳입니다.… 편안함을 느낍니다.… 숨을 깊이 쉬면서 모든 걱정되는 생각들을 다 털어 내십시오.

대본: 정서 종결

(항상 기본 긴장이완 기법부터 시작하기 바란다.)

당신의 심상 모퉁이에서 당신의 주의를 끄는 것이 있습니다. 당신의 안전한 장소 어디엔가 큰 유리창이 있습니다.… 호기심에 그쪽으로 가보니 한쪽에서만 볼 수 있는 유리창이 있습니다.… 당신은 유리창을 통해 다른 쪽을 볼 수 있지만 다른 쪽에서는 절대 당신을 볼 수 없습니다. 유리창을 통해 살펴보니 어떤 장면이 보이기 시작합니다.… 바로 전 직장에서 일하던 당신의 모습이 보입니다.… 당신이 해고라는 말을 들을 때의 장면을 선택하십시오.

이제 천천히 유리창을 통해 보이는 당신을 느껴 보십시오. 오래전 또는 어제 일어난 일인 것처럼 느껴질 수도 있습니다. 주변을 살펴보고… 들리는 소리에 귀 기울여 보십시오. 사람들이 말하거나 컴퓨터를 하고 있거나 다른 장비를 작동시키는 소리일 수 있습니다. 마음속에서 손을 뻗어 보이는 것을 만져 보십시오. 손가락으로 책상 위를 슬쩍 만져 보십시오.… 그 당시에 무엇을 느꼈습니까? 대부분의 사람들은 해고당할 때 처음에는 크게 놀라고 다음에는 분노와 슬픔, 불안, 공포, 죄의식, 심지어는 자괴감을 느낍니다. 당신의 반응은 어땠나요? 어떤 행동을 취했나요? 아무것도 하지 않았나요? 아니면 화내고 분개했나요?

만약에 화를 냈다면 다른 사람한테 낸 것인가요? 아니면 자신의 미래를 책임지지 못한 당신 자신한테 낸 것인가요?

이제 보복에 대한 두려움을 느끼지 말고 당신의 생각과 감정을 드러내어 표현하고 싶은 사람을 초대하십시오.… 누구든 좋습니다. 당신이 선택하십시오. 그들이 당신과 같이 있음을 느껴 보십시오. 초대했으면 먼저 당신 방식대로 인사하십시오. 그들의 표현과 옷을 살펴보십시오.… 다음은 당신이 과거에 그 사람에 대해 느꼈던 기억을 되살려 보십시오.… 지금은 또 어떻게 느끼고 있는지 살펴보십시오. 당신이 말하고 싶은 것을 마음대로 하십시오. 그러나 누군가에게 해를 주겠다는 생각은 하지 마십시오. 다른 사람에게 해를 주지 않겠다는 것을 상징적으로 보여 주기 위해 당신과 당신이 초대한 사람 주위에 보호벽을 치십시오.

당신 마음속에 있는 말을 하십시오.… 하고 싶은 말을 거르지 말고 그대로 전달하십시오.… 당신의 감정을 그대로 표현하십시오.… 만약 화가 나거나 배신당했다고 생각하면 사실 그대로 말하십시오. 혼재된 감정(친구들을 못 만나서 슬프다거나, 새로운 기회를 기대한다거나)이 있다면 역시 그대로 말하십시오.… 당신 자신이 갖고 있는 감정에 대해 놀랄 수도 있습니다. 당신이 어떻게 느끼건 문제가 되지 않습니다. 그냥 하고 싶은 대로 말하고 행동하십시오.… 마음 깊은 곳에 있는 것들을 다 털어 내어 버리십시오.… 시간은 충분합니다. 당신이 원하는 만큼 시간을 쓰십시오. 당신은 마음속에 쌓아 두었던 것을 털어 냄으로써 편안함을 느낄 것입니다.… 아마 홀가분한 느낌을 가질 겁니다.

자, 이제 당신이 상대방에게 충분히 말을 했으면 상대방도 당신에게 답하기를 원합니까? 당신 스스로가 이 대본을 쓰고 있다는 점을 기억하십시오.… 상대방이 말하는 데 귀 기울여 보십시오.… 충분한 시간을 가지십시오.… 어떤 기분입니까? 그냥 느끼는 그대로 받아들이십시오. 원한다면 당신이 보복하겠다고 느끼는 것이 공정하다고 주장하십시오. 전적으로 당신의 선택에 달려 있습니다.… 당신 마음대로 하십시오. 당신이 원하는 대로 할 수 있으며 아무에게도 해를 주지 않고 있습니다.… 상대방들은 어떤 형태로든 저항하거나 보복하려 하지 않습니다. 필요한 만큼 충분한 시간을 가지십시오. 상대방은 사과할 수도 있습니다. 그렇다면 사과를 받아들이십시오. 가능하다면 당신이 충분한 준비가 될 때 용서해 주십시오.

이제 당신의 안전한 장소를 생각해 보십시오.… 당신은 그 장소에 있습니다.… 시각을 더 크게 가져 보십시오. 당신이 미처 깨닫지 못했던 분노가 있었다는 것을 발견할 수도 있습니다. 놀랍게도 상대방을 용서하고 어깨에서 짐을 벗어 버릴 수도 있습니다.… 당신 자신에 대해 더 잘 알게 되고, 현재 최선을 다하고 있으며, 새로운 마음으로 일하고 성장할 수 있는 기회가 무한하다는 것을 알고 있습니다. 하나를 놓치면 또 다른 기회가 올 것입니다. 당신은 도전은 인생의 한 부분이며 성공적으로 이를 극복해 나갈 능력이 있음을 알고 있습니다.

곧 당신이 여정을 시작한 방으로 돌아올 것입니다. 하나, 둘, 셋을 세면 현실로 돌아옵니다. 하나… 돌아오기 시작합니다. 둘… 주변을 살펴보고 움직여 보십시오. 셋… 준비가 되면 눈을 뜨고 현실로 돌아오십시오. 천천히 깊은 숨을 쉬고 필요하면 스트레칭을 하고 현 상황을 즐기십시오.

대본: 미래 자아 만나기

당신의 심상 모퉁이에서 누군가가 어둠 속에 서 있습니다. 호기심에 가까이 다가섭니다. 놀랍게도 그 사람은 다소 다른 부분이 있지만 당신과 많이 닮았습니다. 그 사람이 바로 미래 특정 시점에서의 당신 모습입니다. 지금으로부터 10년일 수도 있고 20년 혹은 30년 후의 모습일 수도 있습니다. 이 미래의 자아는 바로 당신이 되고 싶은 화신입니다. 즉, 인생을 통해 될 수 있는 가장 현명하고 가장 사랑스럽고 가장 행복하며 가장 성공적인 사람인 것입니다.

미래의 당신을 당신만의 안전한 장소에 초대하십시오.… 천천히 움직이면서 당신에게 다가설 때의 모습을 자세히 보십시오.… 이미지가 분명히 보일 수도 있고 그렇지 않을 수도 있지만 상관없습니다.… 단순히 미래의 당신을 느끼고 그 존재를 확인하십시오. 당신과 연결되어 있음을 느껴 보십시오. 서로 편한 방법으로 인사하십시오. 만지거나 껴안을 수 있습니다.

이제 미래의 당신의 눈을 살펴보십시오. 그리고 당신을 정말로 잘 아는 사람에게서 나오는 따뜻함과 애정을 느껴 보십시오. 그 현명하고 사랑스러운 눈으로 당신의 현재의 삶을 살펴보십시오.… 당신의 능력으로 진정 무엇을 할 수 있는지 생각해 볼 수도 있습니다.… 잠시 시간을 가지십시오. 당신이 느끼는 감정과 심상을 그대로 받아들이십시오. 이제 미래의 당신과 얘기해도 되고 뭐라고 하는지 주의 깊게 들어보아도 됩니다.… 당신이 겪는 정신적인 고통을 치유하기 위한 방법을 물어볼 수도 있습니다. 시간을 충분히 가지십시오.

당신은 현재의 어려움을 극복하고 더 강해지고 더 현명해질 것입니다. 과거의 실패나 실망했던 것에 대해 자신과 다른 사람들 모두를 용서하십시오.… 이제 당신이 바라던 직장에 취업이 된 것을 상상해 보십시오.… 구직 활동을 성공적으로 끝낸 기쁨을 느껴 보십시오. 당신이 사랑하는 사람과 같이 기쁨을 나누십시오.… 이 순간을 즐기십시오.

미래의 당신이 당신에게 선물을 주기 위해 손을 내밀어 부드럽게 당신의 팔을 잡는 것을 느껴 보십시오.… 그 선물은 물건일 수도 있고, 단어 또는 생각일 수도 있습니다. 그냥 큰 부담 갖지 말고 그대로 받으십시오. 무엇인지 잘 이해가 가지 않는다 해도 괜찮습니다.… 현재로서는 그 안에 사랑이 담겨져 있다는 것을 아는 것만으로도 충분합니다.

이제 곧 당신은 여정을 시작했던 방으로 돌아오게 됩니다. 하나, 둘, 셋을 세면 현실로 돌아옵니다. 하나… 돌아오기 시작합니다. 둘… 주변을 살펴보고 움직여 보십시오. 셋… 준비가 되면 눈을 뜨고 현실로 돌아오십시오. 천천히 깊은 숨을 쉬고 필요하면 스트레칭을 하고 현 상황을 즐기십시오.

대본: 마음속으로 구직 면접 연습하기

다시 한 번 큰 일방향 거울 쪽으로 이동하십시오. 그 앞에 안락한 의자에 편안하게 앉으십시오.… 바로 앞에 리모컨이 놓여 있습니다. 곧 유리를 통해 당신이 구직 면접을 하거나 구직 활동을 하는 모습을 볼 수 있습니다.… 창을 통해 보거나 듣는 모든 것을 리모컨을 통해 멈추고 수정하고 다시 재생할 수 있다는 점을 기억하기 바랍니다. 이 과정을 통해 당신이 점차 자신감을 갖고 면접을 하거나 구직 활동을 하는 것을 보게 되며, 마침내는 전 과정을 멈추지 않고 훌륭하게 해내는 모습을 보게 될 것입니다.

자, 이제 시작하십시오. 면접 또는 구직 활동을 하는 당신의 모습을 살펴보십시오.… 면접 장소, 방안 온도를 살펴보고 면접자의 질문 내용과 당신의 답변을 들어보십시오. 얼마든지 당신 마음에 들 때까지 장면을 수정할 수 있습니다. 차분하고 자신감에 찬 당신 모습을 볼 수 있습니다. 면접자가 당신에게 호의적으로 대하는 모습에 주의를 기울이십시오.… 아마 당신이 실제 현장에서 역할을 하는 것처럼 느끼게 될 것입니다. 언제라도 잠시 멈추고 수정하고 다시 시작하기 위해 현장에서 잠시 빠져 나올 수 있다는 것을 기억하십시오.

계속해서 5분 동안 진행하십시오.… 중간에 다소 집중이 안 되면 언제라도 다시 집중해서 진행할 수 있습니다. 당신 자신이 전 과정을 통제할 수 있습니다.… 자, 이제 멈추지 않고 전 과정을 재생시켜 보십시오.… 당신이 훌륭하게 해내는 모습을 지켜보십시오.… 충분한 시간을 가지고 성공적인 결말을 지켜보십시오.

결과에 상관없이 당신은 최선을 다했다는 것을 기억하십시오.… 당신은 어떤 도전에 직면해서도 극복해 낼 수 있으며 더 현명해지고 더 강해질 것입니다. 목표를 달성하기 위해 필요한 어떤 것이라도 해낼 수 있습니다. 당신이 원하는 직장을 얻을 때를 상상해 보십시오.… 그 기분을 상세히 느껴 보십시오.… 목표를 성공적으로 달성한 느낌이 어떻습니까? 그 기분을 느껴 보십시오. 그 만족과 성취감을… 천천히 즐기시고 마음에 새기십시오.

이제 곧 당신은 여정을 시작했던 방으로 돌아오게 됩니다. 하나, 둘, 셋을 세면 현실로 돌아옵니다. 하나… 돌아오기 시작합니다. 둘… 주변을 살펴보고 움직여 보십시오. 셋… 준비가 되면 눈을 뜨고 현실로 돌아오십시오. 천천히 깊은 숨을 쉬고 필요하면 스트레칭을 하고 현 상황을 즐기십시오.

대본: 멘토 만나기

당신의 심상 모퉁이에서 당신의 주의를 끄는 것이 있습니다. 천천히 주변을 살펴보니 당신의 안전한 장소 끝 부분 어둠 속에 누군가가 서 있습니다.… 바로 당신의 멘토입니다. 가까이 다가설수록 당신을 잘 알고 있는 듯한 멘토의 몸과 눈에서 발산되는 불빛을 보게 될 것입니다.… 아마 당신이 아는 사람일 수도 있습니다.… 과거에 멘토나 코치였을 수도 있고, 부모님 또는 존경하는 친구일 수도 있습니다. 아니면 잘 모르는 사람일 수도 있습니다.… 어쨌든 그 사람의 친절한 눈매와 몸짓에서 친숙하고 평온한 느낌을 가질 것입니다.

멘토를 당신의 안전한 장소로 초대하십시오.… 잠시 얘기할 편안한 장소를 찾아보십시오. 당신이 현재 직면한 도전과 기회에 관해 상담하거나 논의할 수 있습니다. 아니면 당신이 실습을 했던 면접에 대한 평가를 받을 수도 있습니다. 멘토가 충고를 하고 그것이 올바르다고 느끼면 감사하게 수용하십시오. 당신이 판단할 문제입니다. 당신의 가슴을 열고 그의 사랑과 이해를 느껴 보십시오.… 멘토는 당신에게 직접 말을 하거나 생각, 심상, 상징 또는 독특한 방법을 통해 전달할 수 있습니다. 당신이 괜찮다면 그냥 그대로 받아들이십시오.

멘토와의 교감을 통해 당신 자신이 크게 성장하고 발달해 나간다는 새로운 관점에서 당신의 인생 여정의 아름다움을 느껴 보십시오. 좀 더 큰 계획, 새로운 방향, 새로운 기회를 보게 될 것입니다. 당신의 운명은 결국 당신이 선택하는 것입니다. 이제 멘토와 헤어질 시간입니다. 멘토는 떠나지만 당신이 원하면 언제라도 다시 만날 수 있습니다.

이제 곧 당신은 여정을 시작했던 방으로 돌아오게 됩니다. 하나, 둘, 셋을 세면 현실로 돌아옵니다. 하나… 돌아오기 시작합니다. 둘… 주변을 살펴보고 움직여 보십시오. 셋… 준비가 되면 눈을 뜨고 현실로 돌아오십시오. 천천히 깊은 숨을 쉬고 필요하면 스트레칭을 하고 현 상황을 즐기십시오.

부록 B

보충 연습

연습 1: 감정인식

이 연습은 여러분이 실직에 대해 느끼는 구체적인 감정을 파악하는 데 도움을 주기 위한 것이다. 다음 대본은 그 과정을 소개하고 있다.

방해받지 않는 조용한 곳에 편안히 앉는다. 이 연습에서 여러분은 고통스러운 감정을 제거한다는 분명한 의도를 갖고 있다. 이 의도를 잠재의식으로 보내게 되는데, 그곳에서 반투명의 공 안에 이 감정과 관련된 심상을 만들고 공 안에 들어가 있는 감정을 파악하며 이 공을 날려 버릴 것이다.

MIT 대본에서처럼 대본을 읽으면서 마음속으로 연습을 진행해 나가도 되며 먼저 대본을 녹음했다가 재생시켜 놓고 연습을 실행해도 된다.

연습이 끝난 후 사용할 수 있도록 일지를 곁에 둔다.

대본: 연습 1

편안한 장소를 찾으십시오.… 조용히 눈을 감으시고, 천천히 집중해서 숨을 쉬십시오.… 숨 을 들이마시고… 완전히 내쉽니다.… 숨을 횡경막까지 깊숙이 들이마십니다.… 다음 몸 속의 긴장을 내보냅니다.… 들이마시고… 내쉬고… 천천히 이완이 됩니다.… 잡념을 버리십시오.… 이제 마음이 편해집니다.… 차분해지고 이완을 느낍니다.… 숨을 깊게 들이마시고… 내쉬십시오.… 이완감이 몸 전체에 퍼지도록 하십시오.… 근육 긴장이 이완되기 시작함을 느낍니다.

당신은 혼자 있고 평화를 느낄 수 있는 안전한 장소에 있음을 상상하십시오.… 안전한 장소를 만들 수 있고, 언제라도 원하는 대로 바꿀 수 있습니다.… 그곳은 해변가에 잔잔한 파도가 이는 자연 속의 한적한 장소일 수도 있고, 새들의 편안한 노랫소리를 들을 수 있는 숲일 수도 있습니다. 또는 들꽃 사이로 잔잔한 바람이 속삭이는 산 속의 초원일 수도 있습니다. 당신이 편안하고 안전함을 느낄 수 있는 곳이라면 어떤 곳이든지 상관없습니다.

이제 안전한 장소를 둘러보십시오.… 모양과 색깔을 살펴보십시오. 점점 분명해질 겁니다.… 대략 시간이 몇 시나 되었는지 살펴보십시오.… 아침인지, 아니면 해가 질 무렵인지… 자연의 속삭임에 귀 기울이십시오.… 향기로운 공기를 맛보고, 발 밑의 땅을 느껴 보고 손가락을 물에 넣고 휘저어 보십시오.

안전한 장소 중 한 곳에 편안히 앉으십시오.… 실직으로 인해 주의가 분산되도록 놔두십시오.… 스트레스를 느끼는 감정이 올라오는 것을 막지 마십시오.… 신체의 어느 곳에 그 감정들이 자리 잡고 있는지 살펴보십시오.… 그러나 너무 크게 신경 쓰지 마십시오.… 반투명 공 안에 모든 감정을 다 넣기 바랍니다.

공이 자신에게서 빠져 나가는 것을 느끼십시오.… 그리고는 공중에 떠오르는 것을 보십시오.… 이 공 안에 있는 감정을 살펴보고 이름을 지으십시오.… 대부분은 여러분과 같은 상황에서 두려움, 불안, 창피, 외로움, 분노, 자포자기, 배신 등을 느낍니다.… 여러분도 아마 이와 같은 정서를 조금씩은 다 느낄 것이고… 차이를 구분하기도 쉽지 않을 것입니다.… 그래도 괜찮습니다.… 만약 불안을 느낀다면 그 내면에 무엇이 있는지 깊숙이 살펴보십시오.… 생각지 못했던 실패에 대한 두려움이나 분노가 있을 수도 있습니다.

공을 잡고 멀리 던져 버리십시오. 조금 떨어진 곳도 괜찮고, 아니면 아주 멀리 하늘로 보낼 수 있습니다.… 이러한 무거운 감정이 곧 없어져 버릴 것이라는 것을 마음속에서 알게 됩니다.

두 차례 정도 깊은 숨을 쉬고 여러분의 몸과 환경으로 주의를 돌리십시오.… 준비가 되면 눈을 뜨십시오.

이제 일지를 꺼내 자신 내부에서 파악할 수 있는 여러 감정을 적는다.

연습 2: 미래의 가능성 파악

이 연습에서 여러분은 인생의 여러 길 중의 하나를 상상하게 된다. 행복과 성취를 방해하려는 충동에 저항하라. 재미있게 이 연습을 경험해 보고 창의적인 생각을 도출해 보기 바란다.

자신의 열정과 잠재력을 발견하는 하나의 방법은 존경하는 사람을 생각하는 것이다. 여러분이 부러워하는 다른 사람의 능력이야 말로 자신이 개발할 필요가 있는 능력이라고 볼 수 있다. 다음 대본을 읽기 전에 여러분이 인생 및 세상에서 존경하는 사람을 생각하고 그 사람들의 목록을 만든다. 그들 각각에 대해 어떤 점을 존경하는가? 여러분이 가지고 싶은 재능은 무엇인가? 그들은 어떤 점에서 성공했는가?

다음에는 대본을 읽고 시키는 대로 따라하거나 녹음을 해서 사용하라. 자신이 상상한 미래의 모습으로 연습을 끝마친 후, 거기서 끝나지 말고 또 다른 미래의 모습을 생각한 채 한두 번 반복하라. 만약 다른 경력 방향을 가졌다면 어떻게 되었을지 상상해 보라. 예를 들어, 첫 번째 미래 자아가 성공적인 기업의 임원이라면, 또 다른 미래 자아는 사업가가 되는 것일 수도 있다. 어떤 생각이 드는가? 여러분의 흥미가 무엇인지 탐색해 보라.

대본: 연습 2

방해받지 않는 조용한 곳에 편하게 앉으십시오.… 편안하고 안전한 장소에 있다고 상상하십시오. 좋아하는 꽃과 나무로 가득한 정원… 또는 해안, 숲일 수도 있습니다.… 기가 막힌 날씨이고… 해가 뜨거나 또는 질 때일 수도 있으며… 당신이 좋아하는 날씨와 온도입니다.… 나뭇잎이 바스락거리는 소리와 해안가에서 파도가 밀려오는 소리를 들을 수 있습니다. 공기 중에 있는 향기를 맡아보십시오.… 조용한 장소에서 편안함을 느끼십시오.

지금부터 한 10년 또는 20년쯤 지난 후 당신의 행복하고 성공이 가득한 미래를 생각해 보십시오.… 건강과 몸매를 포함해서 당신의 모습이 어떻게 변해 있을지를 생각해 보십시오.… 삶은 어떻게 변해 있을까요? … 당신이 원하는 일을 하고 있을까요? … 만약 그렇다면 그것은 어떤 일일까요? … 동료에 대해서도 생각해 보십시오.… 아마 당신은 은퇴해서 전에는 하기 어려울 것으로 생각했던 모든 것들(예: 가족, 여행, 봉사 등)을 즐기고 있을지도 모릅니다.

당신의 삶에서 중요한 사람은 누구입니까? … 가족과 친구를 생각해 보십시오.… 미래에는 무엇을 하며 즐기겠습니까? … 미래의 자아가 느끼는 행복과 삶의 만족에 대해 생각해 보십시오.… 가능한 한 충분한 시간을 보내십시오.

준비가 되면 여정을 시작했던 방으로 돌아옵니다.… 천천히 깊은 숨을 몇 번 쉬고, 현 상황을 즐기십시오.

이 연습을 두세 번 실행한 후 어떤 미래가 가장 끌리는지 결정한다. 그리고는 대본 없이 그 미래를 더욱 깊게 탐색한다. 그렇게 하면서 그 미래에 대한 욕망이 얼마나 강한지를 느껴 보고 정말로 그 미래가 가능하다고 믿으며 일어날 것이라고 기대하는지 자신에게 물어보라. 꿈과 가능성에 대해 충분히 탐색해 보라. (나중에 그 미래를 준비하고 만들어 나가기 위해 무엇을 해야 하는지에 관한 구체적인 질문을 생각해 볼 수 있다.)

여러분의 일지에 미래 자아 경험에서 느끼고 관찰한 것들을 적어 놓는다. 어떤 미래가 가장 끌리는가? 그 이유는 무엇인가? 어떤 두려움이나 불안을 느꼈는가?

연습 3: 심상 스킬 향상

만약 MIT가 처음이라면 여러분의 심상 스킬을 향상시키기 위해 설계된 몇 가지 간단한 연습을 소개하겠다. 모듈 1을 시작하기 전에 이 연습을 하면 실직충격 회복 프로그램의 효과를 더 크게 볼 수 있을 것이다.

MIT 프로그램 대본에 충실하는 것은 최적의 성공을 거두는 데 매우 중요하다. 가령, 다른 감각에 비해 여러분의 시각이 그렇게 강하지 않더라도 여러분이 다섯 가지 감각을 다 사용하면 MIT는 여전히 힘을 발휘할 수 있다. 예시로 다음의 간단한 연습을 해 보라. 이 과정에서 여러분은 심상 스킬을 향상시킬 수 있을 것이다. 대략적인 아이디어를 얻기 위해 일단 쭉 읽어 보고 눈을 감은 후 대본대로 진행하라.

대본: 연습 3

먼저 의자에 편안히 앉으시고 깊은 숨을 쉬십시오.… 도마 위에 날카로운 칼을 들고 부엌에 서 있는 모습을 상상하십시오.… 마음속으로 도마 위에 즙이 많은 레몬이 놓여 있는 것을 보십시오.… 레몬의 노란색과 모양을 살펴보십시오.… 레몬을 들어서 온도, 무게 그리고 향기를 맡아 보십시오.… 다시 도마 위에 놓고 칼을 들어서… 반으로 자르고 레몬이 분리된 모양과 껍질을 살펴보십시오.… 칼이 도마에 부딪히는 소리를 들으면서 다시 반으로 자르십시오.… 레몬씨, 주스 그리고 향내를 느껴 보십시오.… 잘라진 레몬 조각을 입에 넣고 깨물어 보십시오. 그리고 신 레몬 주스를 빨아서 삼키십시오.

타액을 분비하는 것은 자율신경계의 지배를 받으며 우리가 의식적으로 통제할 수 없다. 여러분이 마음속으로 레몬 주스를 삼켰을 때 타액을 분비했다면, 여러분의 신체는 실제로 레몬을 빨고 있다고 믿은 것으로 작용한다고 볼 수 있다.

집중력과 명확성을 향상시키는 또 다른 연습은 안전한 장소로 가서 모든 감각을 사용해 실습하는 것이다. 예를 들면, 태양이 수평선

위로 떠오르는 것을 바라볼 수 있다. 만약 근처에 호수가 있다면 수영을 하거나 요트를 탈 수도 있다. 만개한 라일락 꽃, 소나무, 맑은 공기 또는 좋아하는 향기를 맡아보라. 새가 노래하는 소리, 나무 사이로 바람이 속삭이는 소리, 멀리서 들리는 경적 소리를 들어 보라. 여러분이 좋아하거나 하고 싶었던 악기를 연주해 보라. 작은 고양이나 강아지를 안고 그 부드럽고 따뜻함을 느껴 보라. 좋아하는 음식을 먹는 것을 상상해 보라.

『마음의 힘』(1999)이라는 책에서 케네스 바움은 마음속에 그려 보기 스킬을 향상시키기 위해 여섯 개의 스위치를 사용할 것을 제안했다. 먼저 여러분이 경험한 재미있고 만족했던 시간을 생각해 본다. 예를 들어, 정말로 원했던 직장을 잡았을 때, 또는 가장 좋아하는 운동 종목에서 최고의 성과를 냈던 때를 생각해 볼 수도 있다. 그 당시 일어났던 일들을 잘 생각해 보면서 당시의 흥분을 느껴 보라.

이제 여러분 앞에 여섯 개의 스위치가 있다. 하나는 여러분 내부의 그림을 더 크게 하는 줌 렌즈이고, 하나는 색을 더 분명하게 하는 것이며, 다른 하나는 그림의 밝기를 조정하는 것이다. 나머지 것들은 소리의 크기, 음색, 음질을 조정하는 것이다. 이 스위치들을 사용해 여러분의 심상을 좀 더 분명하고 상세하며 3차원으로 보이도록 조정해 보라.

마지막으로 제시하는 연습은 편안하게 앉아서 방 안에 있는 물건을 고르는 것이다. 모양, 크기, 색 등 그 물건을 자세히 살펴본다. 이제 눈을 감고 마음속에서 그 물건을 생각해 보라. 눈을 뜨고 그 물건을 보면서 무엇을 빠뜨렸는지 파악하라. 다른 모양과 색을 가진 다른 물건을 가지고 다시 해 본다. 이 연습을 매일 또는 MIT 세션을 시작하기 전에 한다.

즐거운 마음으로 이 연습을 하기 바란다. 어떤 연습이 가장 몰입하기 쉽고 도전적인지 판단해 보라. 더 많은 연습을 해서 약한 감각을 더 개발하고 강하게 한다.

부록 C

관련 자료

심상 및 마음속에 그려 보기 관련 책

Achterberg, Jeanne, Dossy, Barbara, & Kolkmeier Leslie (1994). *Rituals of Healing: Using Imagery for Health and Wellness.* New York: Bantam.

Baum, Kenneth, & Turbo, Richard (1999). *The Mental Edge.* Berkeley, CA: Berkeley Publishing Group.

Bodian, Stephan (1999). *Meditation for Dummies.* Foster City, CA: IDG Books Worldwide.

Borysenko, Joan, & Borysenko Miroslav (1994). *The Power of the Mind to Heal.* Carson, CA: Hay House.

Fanning, Patrick (1994). *Visualization for Change.* Oakland, CA: New Harbinger Publications.

Fezler, William (1999). *Creative Imagery: How to Visualize in All Five*

Senses. New York: Simon & Schuster.

Moyers, Bill (1993). *Healing and the Mind.* New York: Doubleday (Based on Bill Moyer's PBS TV series of the same title).

Naparstek, Bellaruth (1994). *Staying Well with Guided Imagery: How to Harness the Power of Your Imagination for Health and Healing.* New York: Warner Books.

Peale, Norman Vincent (1982). *Positive Imaging: The Powerful Way to Change Your Life.* New York: Fawcett Columbine.

Rossman, Martin (2000). *Guided Imagery for Self-Healing.* Tiburon, CA: H. J. Kramer.

Ungerleider, Steven (1996). *Mental Training for Peak Performance: Top Athletes Reveal the Mind Exercises They Use to Excel.* Emmons, PA: Rodale Press.

경력 관련 책

Bolles, Richard N. (2001). *What Color is Your Paracutte? A Practical Manual for Job-Hunters and Career-Changers.* Berkeley, CA: Ten Speed Press.

Kennedy, Joyce Lain (2000). *Job Interviews for Dummies.* Foster City, CA: IDG Books Worldwide.

Messmer, Max (1999). *Job Hunting for Dummies.* Foster City, CA: IDG Books Worldwide.

Tieger, Paul D., & Barbara Barron-Tieger (2001). *Do What You Are: Discover the Perfect Career for You Through the Secrets of Personality Type.* Boston: Little, Brown and Company.

기타 도움이 될 만한 책

Jeffers, Susan (1992). *Feel the Fear and Do it Anyway.* New York: Fawcett Books.

Tavris, Carole (1989). *Anger, the Misunderstood Emotion.* New York: Simon & Schuster.

Witkin, Georgia (2002). *Stress-Relief for Disasters Great and Small.* New York: Newmarket Press.

참고문헌

Achterberg, J., Kenner, C., & Lawlis G: F. (1988). Severe burn injury: A comparison of relaxation, imagery and biofeedback for pain management. *Journal of Mental Imagery, 12*: 71-88.

Baum, K., & Turbo, R. (1999). *The Mental edge.* Berkeley: Berkeley, CA Publishing Group.

Birkel, J. D., & Miller S. J. (1998). *Career bounce-back!: The professionals in transition guide to recovery and reemployment.* Boston: AMACOM.

Dolbee, S. (2001). Peace proposal: Forgiveness may be the path to healing. *The San Diego Union-Tribune,* April 15.

Fanning, P. (1994). *Visualization for change.* Oakland, CA: New Harbinger Publications.

Jacobson, E. (1938). *Progressive relaxation.* Chicago: University of Chicago Press.

Johnson, S. (1998). *Who moved my cheese?: An amazing way to deal with change in your work and in your life*. New York: G. P. Putnam's Sons.

Jeseph, L. M., & Greenberg, M. A. (2001). The effects of a career transition program on reemployment success in laid-off professionals. *Consulting Psychology Journal, 53*: 169-181.

Kubler-Ross, E. (1997). *On death and dying*. New York: Simon & Schuster.

Naparstek, B. (1994). *Staying well with guided imagery: How to harness the power of your imagination for health and healing*. New York: Warner Books.

Nicklaus, J., & Bowden K. (1998). *Golf my way*. New York: Simon & Schuster.

Noer, D. (1995). *Healing the wounds: Overcoming the trauma of layoffs and revitalizing downsized organizations*. San Francisco: Jossey-Bass.

Orlick, T. (1990). *In pursuit of excellence: How to win in sport and life through mental training*. Champaign, IL: Human Kinetics.

Overholser, J. C. (1990). Passive relaxation training with guided imagery: A transcript for clinical use. *Phobia Practice and Research Journal, 3*: 107-122.

Peale, N. V. (1982). *Positive imaging: The powerful way to change your life*. New York: Fawcett Columbine.

Peale, N. V. (1996). *The power of positive thinking*. New York: Ballantine Books.

Pert, C. B. (1997). *Molecules of emotion: Why you feel the way you feel*. New York: Scribner.

Rossman, M. (2000). *Guided imagery for self-healing.* Tiburon, CA: H. J. Kramer.

Ruvolo, A. P., & Markus H. R. (1992). Possible selves and per formance: The power of self-relevant imagery. *Social Cognition,* 10: 95-124.

Sher, B. (1994). *How to live the life you love.* Audiocassettes. New York: Bantam Doubleday. Barbara Sher Tapes.

Smith, D. (1990). Imagery in sport: An historical and current overview. In *Mental Imagery* edited by R. Kunzendorf. New York: Plenum Press.

Spera, S. P., Buhrfeind, E. D., & Pennebaker, J. W. (1994). Expressive writing and coping with job loss. *Academy of Management Journal, 37*: 722-733.

Tracy, B. (2002). *Create your own future: How to master the 12 critical factors of unlimited success.* New York: John Wiley and Sons.

Ungerleider, S. (1996). *Mental training for peak performance: Top athletes reveal the mind exercises they use to excel.* Emmaus, PA: Rodale Press.

Ungerleider, S., & Golding, J. M. (1991). Mental practice among Olympic athletes. *Perceptual and Motor Skills, 72*: 1007-1017.

Walsh, N. D., & Beliefnet (Eds.) (2001). *From the ashes: A spiritual response to the attack on America.* Emmaus, PA: Rodale Press.

Witkin, G. (2002). *Stress-relief for disasters great and small.* New York: Newmakret Press.

저자 소개

Lynn Joseph, Ph. D.

조셉 박사는 심리학 박사로 이름 난 작가이자, 컨설턴트이며, 강연자다. 포춘지 선정 100대 기업의 판매, 훈련 및 인적자원 부서의 관리직에서 오랫동안 일했고, 나중에는 임원 구직 회사의 파트너로도 일했다. 그녀는 DDI를 설립해 어려움에도 불구하고 새로운 꿈을 만들어 내고 목표를 쉽고 빠르게 달성할 수 있는 도구를 사람들에게 제공하고 있다. 포춘지는 조셉 박사의 인물기사를 2002년 2월판에서 실은 바 있다.

조셉 박사는 MIT의 도움으로 여러 경력 전환을 성공적으로 해냈다. 나중에 그녀는 이러한 강력한 도구와 기법이 실제 현장에서 사용되지 않고 있다는 것을 깨닫게 되었다. 그래서 이를 소개하는 것이 그녀의 임무가 되었고, MIT에 기반을 둔 경력 전환 프로그램을 개발하고 과학적으로 검증하기 시작했다. 그녀의 연구는 미국 심리학회에서 발간하는 *Consulting Psychology Journal*이라는 수준 높은 학술지에 실린 바 있는데, 이 연구가 바로 이 책과 실직충격 회복 프로그램의 기반이 되었고, 이 연구를 2002년 캘리포니아 심리학회 연차 학술대회와 1999년 미국 심리학회 연차 학술대회에서 발표 하였다.

역자 소개

탁진국

캔자스주립대학교 심리학과 석사 및 박사(산업 및 조직심리전공)
한국 심리학회 총무이사
한국 산업 및 조직심리학회장
미국 오하이오주립대학교 및 미시간주립대학교 심리학과 방문교수
인크루트 경력개발연구소장
현 광운대학교 산업심리학과 교수

〈저 · 역서 및 논문〉
『심리검사: 개발과 평가방법의 이해』(2판, 학지사)
『경력개발 및 관리』(역, 시그마프레스)
"중장년층의 재취업 성공을 예측하는 심리사회적 모형개발을 위한 종단적 연구" 외 다수 논문

실직충격에서 회복하는 법
The Job-Loss Recovery Guide

2007년 4월 10일 1판 1쇄 인쇄
2007년 4월 16일 1판 1쇄 발행

지은이 • Lynn Joseph, Ph. D.
옮긴이 • 탁진국
펴낸이 • 김진환
펴낸곳 • 학지사
121-837 서울시 마포구 서교동 352-29 마인드월드빌딩 5층
대표전화 • 02-326-1500 팩스 • 02-324-2345
등록 • 1992년 2월 19일 제2-1329호
홈페이지 www.hakjisa.co.kr

ISBN 978-89-5891-414-3 93330
가격 12,000원